Joe Girard
12 Rules Of Sales

成/功/营/销/系/列

乔·吉拉德
12条销售技巧法则

李志明　著

中华工商联合出版社

图书在版编目（CIP）数据

乔·吉拉德12条销售技巧法则／李志明著．—北京：
中华工商联合出版社，2020.10
ISBN 978-7-5158-2816-9

Ⅰ．①乔…　Ⅱ．①李…　Ⅲ．①销售-方法　Ⅳ.
①F713.3

中国版本图书馆CIP数据核字（2020）第154496号

乔·吉拉德12条销售技巧法则

作　　者：李志明
出 品 人：刘　刚
责任编辑：胡小英
封面设计：田晨晨
版式设计：北京东方视点数据技术有限公司
责任审读：李　征
责任印制：陈德松
出版发行：中华工商联合出版社有限责任公司
印　　刷：盛大（天津）印刷有限公司
版　　次：2020年10月第1版
印　　次：2024年1月第3次印刷
开　　本：710mm×1020mm　1/16
字　　数：210千字
印　　张：17
书　　号：ISBN 978-7-5158-2816-9
定　　价：68.00元

服务热线：010-58301130-0（前台）
销售热线：010-58302977（网店部）
　　　　　010-58302166（门店部）
　　　　　010-58302837（馆配部、新媒体部）
　　　　　010-58302813（团购部）
地址邮编：北京市西城区西环广场A座
　　　　　19-20层，100044
http://www.chgslcbs.cn
投稿热线：010-58302907（总编室）
投稿邮箱：1621239583@qq.com

工商联版图书

前　言

在当今社会，销售行业已经成为现代商业和服务业不可或缺的一部分。销售员不论销售的是房子、汽车、服装，还是一项服务，要想实现成功销售，大到穿着谈吐，小到表情动作，都必须经过一段时间的准备和磨练，这样才能将自己打造成为更为专业的销售人员，从而打动顾客，实现产品或服务的成交。

但是要想做到这一点，如果没有人引导，销售员单凭自己摸索而不向他人学习请教的话，势必会走不少弯路。所幸，在销售行业出现了这样一位销售大师，他从进入销售行业以来，已经获得了无数荣誉：人类销售史上的奇迹创造者、世界上最伟大的销售大师、连续12年荣登吉尼斯销售冠军宝座、全球最受欢迎的实战派演讲大师……

他就是乔·吉拉德。作为闻名世界的销售大师，乔·吉拉德曾在其自传中说过这样一句话："如果我能成功，你就能成功。"他之所以这么说，是有原因的。

连高中都没有读完的乔·吉拉德，从懂事开始就需要面对贫寒的家境，以及父亲的嘲笑、打击和暴力。为了能够早点养活自己、减轻母亲的负担，乔·吉拉德9岁就开始打工赚钱，他卖过报纸，当过擦鞋匠，当过兵，一直到35岁之前，他一共做过40多份工作，患有严重口吃的他，最终一事无成。

　　但就是这样一个貌似彻头彻尾的失败者，却在35岁这个尴尬的年龄，决定再次重启人生轨迹，义无反顾地投入汽车销售中，最终成功"逆袭"，成为人生大赢家。

　　结合乔·吉拉德的人生经历来看，我们就能理解"如果我能成功，你就能成功"这句话的真实含义在于——像乔·吉拉德这样既无学历，起点又低，还没有"人脉"的人，一直到不惑之年的"临界点"，都依然奋斗不止，我们又有什么理由停滞不前呢？

　　更重要的是，在多年的销售生涯中，乔·吉拉德积累了丰富的销售经验，总结出诸如"250"销售定律；他在对待顾客上，始终坚持服务至上；在销售策略上，从不墨守成规，而是在工作中总结经验，不断实现创新。

　　不论是从励志，还是从销售经验方面来说，乔·吉拉德都堪称销售员奋斗的楷模，同时，他也是广大销售员引导者的不二人选。

　　出于这样的考虑，《乔·吉拉德12条销售技巧法则》应运而生。本书从12个方面着手，梳理、总结了乔·吉拉德的销售经验，并作了适当的延伸，希望能够抛砖引玉，为广大销售员提供一些可学习、可借鉴的经验。此外，本书还穿插讲述了乔·吉拉德本人早年的一些人生经历，希望能够为一些信心不足的销售员展示乔·吉拉德的销售心路历程，从而帮助他们汲取勇气和自信，在销售工作中有所斩获。

　　总之，不论是作为刚刚入行的"菜鸟"，还是在销售行业摸爬滚打多年的"老鸟"，本书既能让前者尽快入门，掌握众多的销售技巧，又能让后者提升销售技巧，使自己成为更加专业的销售人才。

　　因编者水平有限，此书难免有疏漏之处，希望广大读者批评指正。

目 录

第 **6** 章 **保持诚信**

——良好的信誉更容易赢得顾客的认同

第 **7** 章 **突破异议**

——牢牢掌握销售的主动权

第 8 章　**心理博弈**
　　——激活顾客的购买欲望

第 9 章　**促进交易**
　　——快速成交背后的N个秘密

第 *10* 章　**坚持每月一卡**
　　　　——售后是新销售的开始

第 *11* 章　**实施"猎犬计划"**
　　　　——让顾客帮助你寻找顾客

第 *12* 章　每天淘汰 "旧" 的自己
——在超越中不断成长

第1章

名片满天飞
——向每一个人销售自己

打造美好的第一印象

自信，别人才会喜欢你

销售，就是先"销售自己"

成功者在于与众不同

让名片成为销售的"轻骑兵"

打造美好的第一印象

身为以销售为生的工作者，无论你销售的产品是一台打印机、一座房子还是一个观点，你都要直接或间接地面对你的销售对象，这个销售对象可能是自己走上门来，也可能是你要走上门去，也可能是两者都有，无论何种情况，我们都称之为顾客。

没错，做销售，我们就是与形形色色的顾客打交道，所以，先想想，我们要以什么样的职业形象出现在顾客眼前？他们又会以什么心态和眼光看待我们？

无论社会如何进步，总会有一些人内心认定"销售员是一个诡计多端、厚颜无耻的模样"之类的观点。所以，我们首要要改变的，就是让我们的顾客改变这一固有刻板印象，打造出美好的第一印象，也就是说，我们一定不能让这种糟糕的销售员形象落在我们身上。

乔·吉拉德说："我们每天的工作就是进行某种战争，因为潜在顾客经常是以敌人的面目出现的。他们认为我们会欺骗他们，而我们认为他们进店来是要浪费我们的时间。但是如果你不另想办法，你就会遇上麻烦，因为顾客对你一直怀有敌意，你也会对顾客怀有敌意，所以双方彼此哄骗。他们可能会买你的东西，也可能不会买。但无论如何，如果双方一直彼此怀有敌意，那就不会对交易的结果感到满意。更重要的是，如果猜忌、敌意、不信任表现了出来，那么成交的机会是很小的。"

那么，如何才能消除顾客的紧张和提防情绪呢？乔·吉拉德的做法是，穿和顾客一样的衣服。乔·吉拉德作为销售大师，不仅誉满全球，而且收入不菲，他本人也比较喜欢穿一些华美的衣服。可一到工作中，他便会脱下这些华美的衣服，换上最普通的服装。

乔·吉拉德这么做的最大考量在于，他卖的是普通轿车，购买人群多为一般的工薪阶层，他们有的是工厂的工人，有的是企业文员，他们每个月领着固定的薪水。而这个群体买车，多数不会付全款，而是要依靠贷款。这些人如果见到销售员穿着价格不菲的衣服和鞋子，难免会产生这样的想法：这个家伙穿得这么好，肯定是从我们身上抽取了不少佣金。如此一来，他们自然会产生紧张和提防情绪，甚至会打消买车的念头，而转身离去。

对于这个群体的心理活动和消费水平，乔·吉拉德十分熟悉，所以他和他们穿着一样朴素的衣服，也就是变相地告诉他们——我是你们其中的一份子，我们的地位是平等的，所以你们没有必要紧张。这一做法巧妙地给了工薪阶层这个群体高度的身份认同感，成功地消除了他们的紧张和提防情绪。

身份认同感在现代营销中起到的作用不可估量。对于顾客来说，他们希望得到别人的尊重、理解，以及生活观念和价值观的认同。销售员如果在穿着上与顾客存在较大的差距，就会让顾客产生身份上的落差，更无从谈起身份认同感了。一旦顾客产生这样的心理，那么产品即便再好，也很难激起顾客的购买欲。

所以，优秀的销售员都很在意自己的着装，他们会根据不同的时间、地点、场合来选择相应的服装。如果要拜访的顾客是家庭主妇或是退休的老年人，那么他们的穿着就比较随意，因为如果太过高档或正式，就会使顾客有一种距离感；如果拜访的顾客是大公司、大企业的员工或是老板，他们就会穿得正式一些，这样可以显现出"排场"，因为如果穿着太寒酸，会有一种不尊重对方的感觉，最后很可能无法谈成生意。

所以，销售员穿着的原则是：既不能过分华丽，又要合体大方。具体的做法，乔·吉拉德总结为以下几点：

一、得体

上衣和裤子、领带、手帕、袜子等最好是配套的，衣服的颜色不宜太过鲜艳，应尽量保持大方稳重。大多数情况下，销售员应穿西装，或者是轻便西装。衣服上可以佩戴能够代表公司的标志，或是与产品相似的佩饰，这样能够加深顾客对销售员或产品的印象。

尽量不要佩戴太阳镜或变色镜，因为人往往通过眼睛来决定是否可以相信销售员。不要穿太过流行的衣服，也不要佩戴太多的饰品。可以携带一个大方的公文包。所带的笔最好是比较高级的钢笔或签字笔，不要使用低廉的圆珠笔。尽量不要脱去上装，以免降低销售员的权威和尊严。

二、讲究

对于男性销售员来说，领带是最能发挥作用的一部分。人们往往喜欢通过领带来推测销售员的兴趣、爱好，从而判断出销售员的人品。所以，销售员的领带既不能别出心裁，也不要过于平淡。要根据自己的年龄、性格以及工作特点等加以选择。在公司里可以预备一双质地良好的皮鞋，专为拜访顾客或是出差的时候准备。除了鞋子之外，还可以在公司预备一件衬衣，如果身上的衬衣出现褶皱或污点，能够及时替换。

女性销售员则需要预备一双丝袜，因为丝袜是最容易出现问题的部分。随身携带手帕、纸巾、梳子等在日常生活中常常需要用到的东西，不仅是为自己准备，顾客同样有用得到的时候。

三、大方

一般而言，年轻的销售员应该穿着淡雅、朴素，给人以稳重踏实的感觉。如果自身性格比较内向，可以穿一些稍显鲜艳的衣服，来弥补性格方面的不足。

中年的销售员则可以选择款式看起来比较新颖的服装，但要避免穿着过于高级，这样会给顾客造成产品价格一定非常昂贵的错觉。

除了服装之外，还需要注意自己的言谈举止。语速太快、语言粗俗、吐字不清、说话有气无力、不冷不热、吹嘘、批评、死缠烂打等都不可取，应做到落落大方，谈吐优雅。

当然，我们知道，第一印象虽然很重要，但也没有绝对性，不过，需要注意的是，成败在于细节，如果我们在没有说话前，或是还没有正式开始展现我们的产品前，就获得了一份必要的职业感，我们是否就多了一份成功筹码呢？

自信，别人才会喜欢你

自信是什么？对于乔·吉拉德而言，自信就是喜欢现在的自己，并在实际工作中，充分发掘自己的优点和特长。

出生在美国贫民窟的乔·吉拉德，家境贫寒，从九岁起，他就开始在酒吧给客人擦皮鞋赚钱。乔·吉拉德至今保存着他九岁擦皮鞋的照片——一个瘦弱的男孩跪在地上，双手抓着一条白色毛巾搭在客人的鞋面上，侧着脸，冲着镜头微笑，露出洁白的牙齿，一副自信的模样。

九岁，在这个年龄，本应该享受着父母的关爱以及无忧无虑的童年，然而乔·吉拉德没有这个"福气"。一直到35岁之前，"命运之神"都没给乔·吉拉德安排过哪怕一次顺利的待遇——他去入伍当兵，但在兵营仅仅待了97天就被退了回来，遭到父亲无情的嘲笑；走投无路的他，尝试当小偷赚钱，却因东窗事发进了拘留所；后来，他开了一家小建筑公司，有了不少积蓄，眼看日子马上就要好起来了，最后却因轻信别人导致破产。

在35岁之前，乔·吉拉德做过四十多份工作，但每份工作都因各种原因干不长久，他一直过着拮据的生活。很多人到了35岁，都觉得已近不惑之年，人生已经"定型"，一辈子也就这样了。他们丧失自信，开始浑浑噩噩地往下"混日子"。

实际上，乔·吉拉德本人也承认，在35岁之前，他是一个彻底的失败者。但那又如何？他从来没有为此感到过沮丧、难过。因为他的母亲曾告诉过他，在这个世界上，只有一个乔·吉拉德，就算是双胞胎，也无法取代他，他是独一无二、不可复制的。所以，即便处于人生最低谷的时候，乔·吉拉德也没有看轻过自己——他在等待绝地反弹的机会。

这个机会就是进入汽车销售行业。不过，在进入这个行业时，乔·吉拉德再次遭到老板的拒绝，因为老板觉得他不适合销售汽车。然而，他没有被这近乎当头棒喝的拒绝击垮，反而自信满满地说："只要给我一部电话、一张桌子，我就不会让任何一个跨进门来的客人空手走出这个大门。相信我，我会在两个月内成为这里最出色的销售员。"

在最后关头，还是自信让乔·吉拉德成功加入汽车销售的行列，同时为他赢得了销售事业起步的机会。三年之后，乔·吉拉德做到了年销售1425辆汽车的纪录，打破了汽车销售的吉尼斯世界纪录，并且连续12年保持着这个纪录。从债台高筑，到成为吉尼斯纪录的拥有者，不得不说乔·吉拉德创造了一个奇迹。

纵观乔·吉拉德的人生经历，用"跌宕起伏"四个字来形容一点也不为过。他从最底层的销售员做起，凭借自己的努力、勤奋、思考和变通，一步步成为销售大王，摘取了无数人生桂冠和荣誉，而这一切，都是他用自信为自己造就的传奇。

不错，自信确实能让每个人创造属于自己的奇迹。一个自信满满的人，他的心态会非常平和，不急不躁，他不会和别人作比较，只把自己当成最大的竞争对手。乔·吉拉德一直在衣服上佩戴着一个金色的"1"，很多人都会问："你是世界第一的销售员吗？"乔·吉拉德自信满满地回答说："不是，但是我是我自己这里最好的。"

看，乔·吉拉德相信自己能行的思想影响了他的行为，使他不断地督促自己要成为最伟大的销售大王。

销售确实是一个面临着许多挑战的行业，无论我们销售什么产品，都会遇到很多挑战，诸如顾客的挑剔和不信任等等，但如果我们坚信自己一定能够找到解决问题的办法，那么时间终究会给出答案。

所以，作为销售员，我们如果到现在都还拿着仅仅能够维持温饱的薪水，是不是该反省自己真的足够自信？虽然自信不是决定成功的首要条件，但是如果没有自信，我们连自己都销售不出去，又谈何销售产品呢？

销售是一个挑战性十足的行业，人如果没有强大的自信，是很难坚持下去的，但一旦坚持下去，收获也将会是巨大的，因为做最难的事，才能得到最快的成长。

销售，就是先"销售自己"

有人曾生动形象地把销售比作谈恋爱——为了博得对方的好感，你煞费苦心地搭配衣服，做发型，甚至还要苦练言谈举止……做这些的目的便是，把自己"销售"出去，与对方结为"秦晋之好"。当然，这也不排除你想尽一切办法也无法俘获对方的心的情况，而这也属于正常情况。但你如果连试着销售自己的勇气都没有，那又如何去开始一场恋爱呢？

做销售也是如此。作为销售员，我们也有很多购物经历，对购买心理也有相当深刻的体会。比如，我们在购买某件商品的时候，如果价格稍微偏贵，我们就会产生"吃亏"的担忧；反之，如果价格太过低廉，我们又会产生会不会是假冒伪劣产品的担心。总之，我们在最终决定购买之前，总会在心里犹豫一番。

现在，我们不妨回顾一下真正促使自己购买的原因是什么。是销售人员诚恳的话语打动了我们？还是我们相信某个品牌的质量？其实，不论是销售人员取得了我们的信任，还是我们信任某个品牌，归根结底，不外乎是"信任"两个字决定了我们的购买行为。

反过来想，如果我们开始销售一件产品，最应该做的是什么？当然不是喋喋不休地向顾客介绍产品的种种优点，而是想尽办法取得顾客的信任，只有先做到这点，成交才能水到渠成。那么，如何才能取得顾客的信任呢？先把自己销售出去，让顾客了解你，知道你是一个值得信赖而且可靠的销售员，正如乔·吉拉德所说："你不是在销售商品，而是在销售你自己。"

你需要努力展示自己最优秀的一面，使自己有足够的筹码打动对方，并获得对方的信任和认可。乔·吉拉德就非常善于销售自己，在他的办公室里挂满了因销售业绩突出而得来的奖牌和奖状、他在报纸上的受访画面以及和一些大人物的合影等。总而言之，除去必须用品之外，在他的办公室里找不到与销售无关的东西。乔·吉拉德最擅长、同时也最惯用的销售自己的方法就是逢人便发名片。

乔·吉拉德曾在台湾进行演讲，当时到场的有几千人，开场仅仅几分钟的时间，台下就有观众已经拿到乔·吉拉德的名片达六张之多。然而，更加让人意想不到的是，当主持人把74岁高龄的乔·吉拉德请上台时，他竟然在台上跳起了迪斯科，或许是觉得只在台上跳不过瘾，他干脆爬上一米多高的桌子，在桌子上面跳了起来。这引来台下观众一阵阵的欢呼声，现场的气氛瞬间被点燃。

"你们想成为像我一样的人吗？"

"想！"

"那你们知道我成功的秘诀是什么吗？"

"不知道！"

"那请你们告诉我，在你们的手中有几张我的名片？"

台下的观众有说一张的，有说两张的……有说六张的。

乔·吉拉德听后，说道："这还不够。"说完，他又拿出几千张名片，向现场抛撒。

就算是一个从来没有听说过乔·吉拉德的人，在看过他的这次演讲后，也会对他产生深刻的印象。在乔·吉拉德看来，一个不会销售自己的销售员，不仅不是一个合格的销售员，更无法获得顾客的信任。而他销售自己的方法就是尽可能地表现自己，随时随地地展现自己的能力，从而吸引别人的注意。

一般来说，销售自己，首先要向顾客"销售"自己的人品。乔·吉拉德认为"诚实是销售之本"，这就要求每一个销售员在销售的过程中，都要表现出自己的诚实。如果销售员不能给顾客留下一个诚实、可信赖的印象，那么顾客出于对自己权益的保护，就不会相信销售员对产品所做的介绍，从而拒绝购买。

美国纽约的销售联谊会曾做过这样的统计：70%的人愿意购买商品，是因为他们认为销售员诚实、可靠，能够得到他们的信任和喜爱。所以，作为销售员的我们，首先应该做到的就是在销售自己时，给顾客留下诚实的印象，然后再加上自己的热情和认真，那么我们离成功就不远了。

销售自己的另一方面，就是要销售自己的形象。因此，作为销售员，我们还要时时刻刻注意自己的形象，言谈举止都要有分寸。否则，当我们的形象不能得到顾客的认可时，我们的产品也不会具有说服力。乔·吉拉德本人十分赞同这样的观点，他认为销售员的形象间接地反映出他的内涵。当他穿着西服在演讲台上跳迪斯科的时候，他平易近人、亲和力强的形象就已经深入人心了。

销售自己，除了向我们所面对的顾客销售外，还要向更多的人销售自己，因为每一个人都可能是我们将来的顾客。当我们身处一个典型的商会活动中时，这里可能有我们想要认识的人，如果能让我们想要认识的人也想要认识我们，就说明我们成功地把自己销售出去了。那么，我们应该向什么样的人来销售自己呢？这当然不是没有选择性的，选择了对的人，那我们就可以通过这个人认识更多对我们有价值的人，所以，这个人应该是某个"小圈子"中的中心人物。我们可以通过这个人认识更多的人，从而把自己销售给更多的人认识。

成功者在于与众不同

每个销售员都渴望获得成功，而有的销售员也确实付出了相当大的努力，却收获甚微，这究竟是为什么？难道是他还不够努力吗？当然不是，有时候我们的努力像是在一处根本没有水的地方打井，即便付出再多劳动，也是不会有结果的。所以，我们要学会在工作中另辟蹊径，走在他人前面，这样才有可能取得成功。

有这样一个真实的故事：

美国有一个销售安全玻璃的销售员乔治，他每年的业绩都是全公司第一。同事们很好奇他是不是有什么特殊的销售方法，并一致邀请他进行分享。盛情之下，乔治便向大家分享了他的销售方法。

　　原来，每当乔治拜访一位顾客的时候，他不会马上为顾客介绍他带来的样品，而是问顾客是否相信这个世界上有砸不碎的玻璃。当顾客表示不相信的时候，他就会向顾客要一把斧头。当顾客一脸疑惑地把斧子递给他之后，乔治就举起斧子，狠狠地朝自己带来的玻璃砸去，结果玻璃丝毫未损。顾客看得目瞪口呆的同时，也就对乔治的话深信不疑了。

　　同事们知道乔治的销售秘法之后，心生佩服的同时，纷纷开始效仿。然而，到了公司再次考核业绩的时候，乔治的业绩仍然是公司第一。这更让同事们深感疑惑和不解：为什么大家用同一种方法去销售，结果却有如此大的差距呢？

　　原来，乔治自从把自己的销售方法告诉大家以后，就改变了方法，不再是他自己砸玻璃，而是把斧头交到顾客手中，让顾客自己砸。显而易见，这样的话说服力就更强了。

　　从这个故事中，我们不难看出，乔治能在销售上取得成功，最大的原因在于，他了解顾客购物时的心理，懂得站在顾客的立场上去考虑问题，并总结出属于自己的销售方法。要想做到这点并非易事，我们需要根据消费群体以及销售环境的不同，不断总结、改变自己的销售方法，只有如此才能打动顾客。当然，不论消费群体和销售环境如何变换，不变的是我们应该有一套成熟的销售思维模式，这样我们才能永远紧跟上不断涌现出的新的销售模式，进而总结出属于自己的独特的销售方法。

　　冯小刚导演的电影《1942》中，由张国立饰演的地主范殿元破产之后，说过这样一句话："我知道怎么从穷人变成富人，只要能活着到陕西，给我十年，我还是地主。"

　　显然，范殿元已经掌握了一套从穷人变成富人的思维模式，这个思维模式里面包括创新、胆魄、眼光等成功元素。我们有理由相信，他之所以能说出这句话，证明他是有底气的，倘若假以时日，他东山再起也未必是一件不可能的事。

不管是美国的乔治，还是电影中的范殿元，他们除了都有一套属于自己的思维模式之外，还有一个很大的共性：与众不同。从他们的经历中，我们不难看出，他们做事不按常理出牌，敢于尝试别人没有或者不敢尝试的道路，但是，越是这样不墨守成规的人，越容易获得成功。正如乔·吉拉德所说："世界上最错的做事态度是，这事不能干，因为没人干过。如果这是真的，那世界上就没有创新的事物了，那些伟大的发明、新的创意也就不会存在了。"

所以，对于销售员来说，要想取得不凡的销售业绩、赚取优渥的薪水，一定要根据当下的实际工作情况动一番脑筋，然后根据自己的分析，大胆创新，尝试走一条别人没有走过的路。要知道，要想让自己的销售方法与众不同且切实可行，并非易事，就连乔·吉拉德本人，在总结自己的销售方法的过程中，也着实费了一番工夫。

乔·吉拉德有意大利血统，这给刚进入汽车销售行列的他带来了很大困扰。每当顾客当面讽刺"意大利佬如何"的时候，脾气颇为火爆的乔·吉拉德便会与之发生争执，甚至还会与对方动手。他最后总会因忍受不了这些嘲讽而主动放弃一些生意。

然而，乔·吉拉德很快便因自己的意气用事尝到了恶果——他的销售业绩一直无法得到提升，而且更为严重的是，经过众口相传，很多顾客都知道了他是一个脾气暴躁的销售员。试想，谁愿意向一个脾气暴躁的销售员买车呢？

如何扭转这种不利的局面呢？乔·吉拉德想了很久，终于抓住了问题的症结所在：既然我容易和顾客因血统问题发生争执，那么我何不改个名字，让顾客忘记关于血统的问题呢？这样问题不就迎刃而解了吗？

于是，乔·吉拉德重新做了一批名片，但是这次他并没有把自己的真正名字"吉拉迪"印上去，而是把名字后面的"i"去掉，变成了"吉拉德"。

有了新"身份"和新名片的乔·吉拉德，再次投入工作后，果然不再有顾客因为血统问题和他产生矛盾了，他也能够全身心地投入工作之中，这为以后他成为世界伟大的销售员打下了良好的基础。

从乔·吉拉德改名一事来看，他也是遇到难题时，迫于形势想到了这样一个与众不同的解决办法。这给销售员的启发是，我们首先要考虑的不是凭空想一个与众不同的销售方法，这无异于闭门造车，于实际销售没有任何意义。我们要做的是，分析自己当下所遇到的问题，比如顾客不买账，无法取得顾客信任，或者是自己的销售业绩出现下滑情况等等，我们要认真思考这些问题，最后才能找到与众不同的解决办法。

而所谓的与众不同，都必须从现实和实际出发，如果抛弃这两点，再伟大的销售方法，都是纸上谈兵。

让名片成为销售的"轻骑兵"

名片，对于销售员来说并不陌生，每个销售员兜里或者办公桌上都有一大把。可不同的销售员对待名片的态度却不同，有的觉得有必要的时候才发给顾客；有的认为名片用处不大，自己的口才才是硬实力；也有的认为，名片不过是用来装点门面的工具罢了……

不同的销售员对名片的态度虽然不一，但总体来说，他们都不太重视，以至于让名片几乎没有用武之地，或者让其仅仅承担一个联系方式的角色。而实际上，名片如果能够运用得当，绝对会为我们的销售加分。

乔·吉拉德就是一个十分会利用名片的销售员，他认为递名片的行为就像是农民在播种，播完种后，农民就会收获他所付出的劳动。每次去看足球比赛或是棒球比赛时，乔·吉拉德都会事先准备一万张名片。当比赛进入高潮时，或者是运动员进球的时候，他就会把名片向空中洒去。

乔·吉拉德不会放过每一个分发名片的机会。在餐厅用餐后，他会在付账的时候多给侍者一些小费，然后再给侍者一盒自己的名片，并要求侍者分发给在餐厅用餐的其他人。就算是在寄付电话费或是网费的时候，乔·吉拉德也都会在其中放两张自己的名片，使打开信封的人能够了解到他的职业。一年下来，乔·吉拉德至少要发掉100万张名片。

或许很多人对乔·吉拉德这种近乎疯狂发放名片的行为感到不解，认为这样的做法除了浪费成本之外，又能促成几笔交易呢？当然，这仅仅是许多人的个人想法，他们看到别人在工作中做出一些不合乎常理的行为时，总会以个人的评判标准去衡量对方是否能够成功，这并不客观，唯一有话语权的是当事人。

作为当事人的乔·吉拉德认为，销售是一个每时每刻都需要进行的工作，所以作为销售员，应该意识到，不管在什么时候、什么地点，只要你的一只手接触到对方，你的另一只手就应该把你的名片递给对方。不要把自己藏起来，要让更多的人知道你是销售什么的，只有这样，当顾客有购买欲望的时候，他们才会找到你。

这样，我们就不难理解乔·吉拉德为何每年能发出近百万张名片了。不管乔·吉拉德每天在什么场合发了多少张名片，这并不重要，重要的是，如果当天收到他名片的众多人中，出现了一个有购买汽车意向的顾客，那么乔·吉拉德这一天所发出的名片和付出的劳动，就都不会白费。

积极主动地与每个可能成为自己潜在顾客的人攀谈、递发名片，乔·吉拉德最终收获的，不仅是给别人留下热情、可靠的印象，而且收到名片并被他打动的人，可能会将手里多余的名片送给身边的亲戚朋友，甚至还会向他们描述乔·吉拉德是怎样一个热情洋溢的销售员。如此一来，一传十，十传百，等待乔·吉拉德的，就是更多人知道他的名字。

当然，也许有的销售员会问，如果按照乔·吉拉德这样散发名片的话，那么我又怎么保证拿到名片的人一定会记住我呢？这样的顾虑显然是有必要的，经统计证明，每天成千上万的人在寒暄中交换名片后，其中93%的名片在24小时之内都被丢进了垃圾桶，只有不到1%的名片被保留了1个月以上。

对于这个普遍困扰多数销售员的问题，乔·吉拉德也找到了解决办法。首先，他在印制名片的时候，花了许多心思。在他看来，如果销售员的名片毫无特色，就很难激起顾客的收藏欲望，这样的名片不印制也罢。所以，乔·吉拉德的名片都是自己设计的，他的名片精美大方，用特别字体突出自己的名字、职业，甚至还附上了自己的照片。总之，顾客会从这张名片中了解到一切他想要的信息。

而在递发名片的时候，乔·吉拉德会诚意十足地对每个拿到名片的人说："你可以选择丢掉它，也可以选择留下它。如果选择留下它，那么你就可以了解到关于我的一切细节，说不定将来有一天你会需要我。"

诚恳的话语再加上精心的设计，多数人都不会把名片扔掉，而是选择保留收藏。而且，更为重要的是，顾客也会从名片中窥探出乔·吉拉德做事情的态度，如果有人有购买汽车的需求，自然就会联系他。除此之外，还有很多办法可以让名片长期留在顾客手中，比如，北京香格里拉大酒店的做法就很值得借鉴。

在香格里拉大酒店的一次商业活动中，每一个前来参加活动的客人在下了出租车后，门童都会递给他一张名片，这张名片上印着酒店的名称、标志以及联系电话，背面则印着门童刚刚手写的一组数字，这组数字就是客人刚刚乘坐的出租车的车牌号。

当客人离开饭店时，同样会收到门童递来的一张名片，这张名片和前一张唯一的区别就是出租车的车牌号换成了即将要乘坐的出租车车牌号，同样也是手写。这样一来，每一个进出酒店的客人都会感觉到酒店周到的关怀，万一有东西遗落在出租车上，客人就可以根据酒店名片上提供的车牌号找回。

这是一种自然而巧妙的销售方法，无形中向客户提供了两遍酒店的信息，长此下去，一定会有所收获。这也是一种低成本的销售方式，名片成本低廉，但是得到的回报却是巨大的。

所以，作为销售员，我们现在是不是应该重新审视一下自己的名片，看看是否还有继续发挥的空间，尽可能地做到自己的名片不被丢进垃圾桶。名片上可以显示的信息是有限的，那我们怎么在这有限的空间，充分地展示自己，同时又能引起别人的注意，让别人愿意永远地保留呢？

首先，要确定我们要销售的对象。如果我们销售的对象大部分是国内同胞，那我们就没有必要在名片的背面印上自己的英文名字，不要认为这样会显得很气派，相反，这是一种多余的行为。但如果我们的顾客中有外国人，那么这样做还是很有必要的。

其次，要尽量利用名片上的空间对我们的项目尽量描述，让名片就像是一本"迷你宣传册"。现在有一种折叠名片，效果不错，而且成本不会太高，可以试一试。

再次，要在名片的外观上下功夫。一般情况下，拿到我们名片的人，不会立刻与我们进行交易，那么我们就需要想办法让对方愿意留下我们的名片。

常见的技巧就是，在名片上提供一些有用的信息。比如"百万庄园"的汉堡包，里面就附带一枚彩印小卡片，上面是一个科普小故事；一家保险公司在名片上印有年代相隔甚远的邮票。大多数情况下，人们都会对能够获得知识的卡片很感兴趣。有的证券公司还在名片上印有全球最重要的电话号码，然后在最后印上自己公司的电话。

以上这些办法，都能够在一定程度上，为我们的名片增加收藏价值。不要再把名片放在口袋里，把它散发出去，让小小的名片成为我们销售中的"轻骑兵"。

第 2 章

点燃你的激情

——发自内心热爱自己的职业

先热爱销售，再谈薪水

每一天都要耐心工作

让客户感激你

拒绝加入"小圈子"

强大就是永葆进取之心

先热爱销售，再谈薪水

促成多数人加入销售行列的直接原因，在于他们听了很多人在销售领域飞黄腾达的传奇故事，在这些故事的刺激下，他们才义无反顾地成为销售员。

然而，等真正进入销售行业后才发现，作为初级销售员，他们拿着最低的薪水，做着压力最大的工作，此时他们后悔不迭，多数选择了离开。于是，销售在他们眼中便成了一份随时都可以被替代的工作，而且薪水还没有那么丰厚。

如果销售给人留下的是如此不堪的印象，那么为何每年还会有那么多的人在这个领域不断创造奇迹？原因是什么？当然是那些放弃的人不够热爱这份工作。如果一个人只想着把工作当成赚钱的手段，而不愿意在工作中投入更多的精力和时间，那么不管他换多少份工作，最终都很难成事。

当然，这并不是说，我们要只热爱工作，不考虑薪水，毕竟工作是我们维持生活的来源。就连乔·吉拉德也坦诚地承认，他喜欢钱，也喜欢不断取得胜利给自己带来的激动和满足。在他卖出第一辆汽车后，他得到了养活家人的食品，第一次的成功，让他感受到了销售工作的价值：除了养家糊口，他还能从中感受到兴奋和喜悦。这一次的成功，让他对自己的工作前景充满了信心，鼓足了勇气。

但是，有一个让乔·吉拉德无法理解的现象是：很多销售员回到家中时，他们的妻子甚至不知道他们所销售的产品。为什么要这样躲着藏着呢？每一个销售员都应该热爱自己的工作，应该很自豪地告诉大家自己的工作。

作为销售员，如果羞于让别人知道自己的职业，不仅无法做好本职工作，更别谈热爱工作了。乔·吉拉德曾说："有人说我是天生的销售员，因为我十分热爱销售工作，我确实认为，我早年成功的主要原因是我热爱销售工作。我认为，同我在一起的其他销售员比我更有才能，但是我的销售额却比他们的多，这是因为我拜访的客户比他们多。在他们看来，销售工作是单调乏味的苦差事。在我看来，它却是一场比赛，有趣极了。"

其实，除了乔·吉拉德之外，各行各业的顶尖者都有一个很大的共同点，就是热爱自己的工作。因此，作为一名销售员，或是即将从事销售工作的人员，有必要消除对销售工作的误解，正确、全面地认识销售工作，这样才不会产生排斥心理，才能满怀热情地去做好这份工作。

首先，不要再因为自己是一个销售员而羞于向他人提及自己的工作，而应该让每一个认识你的人，了解你的工作，了解你所销售的产品，这样，当他们想要购买此类产品的时候，才会想到你。

其次，销售本身就是一个与人打交道的工作，所以绝不能认为自己的工作是无关紧要的而不愿意向他人提起，这样的做法对销售是毫无帮助的。事实上，对任何一个行业来说，销售都属于"命脉"，每一个效益好的企业，都会把销售放在至关重要的位置上。

所以，如果有谁说瞧不起销售这份工作或者瞧不起销售员，我们可以理直气壮地告诉对方："正是由于我和像我一样的人在从事销售工作，你才能拿你挣的全部收入买东西。"不论对方是谁，听到这样的回答，都无可辩驳，因为这是不争的事实。

销售这个职业无论是在金钱上，还是在情感上，都会让我们获得很高的回报。无论是在什么样的企业，销售员都是值得尊敬的人。因为不管是什么产品，都要通过销售员来推广，都要经过销售员来送到顾客的手中，都要通过销售员来转换成货币。对于大多数企业来说，它的核心竞争力，都是通过销售员来实现的。

从薪金角度来看，销售员的底薪虽然比较低，但是没有上限，完全和自己的能力成正比。销售得越多，得到的薪金就越多。除此之外，销售工作的升职空间很大，许多我们眼中的成功人物都是从销售做起的。据调查，企业中74%的高层管理人员，都是通过销售工作一步一步晋升上去的。虽然他们曾经艰辛地工作过，但是因为他们一直处于市场的最前线，能够准确地掌握市场动向，与此同时，他们还通过销售积累了"人脉"，锻炼了自己的交际能力，这些都为他们的成功做了准备。

所以说，销售不是一份地位低下的工作，也不是一份没有尊严的工作，它是一份应该受到尊重的工作，也是一份充满挑战的工作。当然，不管是什么样的工作，都会有枯燥乏味的一面，这取决于我们对待工作的心态。我们只要像乔·吉拉德一样，热爱这份工作，并愿意为之投入全部的时间和精力，把工作做到无懈可击，那么升职加薪就是水到渠成的事情了。

每一天都要耐心工作

　　"善始者实繁，克终者盖寡。"这句话出自魏征的《谏太宗十思疏》，它的意思是，很多人做事情，开始做得好的很多，但是能善始善终地把整件事情做好的就不多了。

　　如果一个人缺乏耐心，其实是一件很可怕的事情，它会引起一系列的问题，比如懒得刷牙洗脸，甚至懒得吃饭，到后来懒得工作、思考，对任何事情都失去了耐心，即使是遇到一件能让自己享受过程的事情，也会为了尽快达成目标而草草完成。所以，一个缺乏耐心的人，既会失去成功的机会，也难以体会到工作中的乐趣。

　　对于销售员来说，因为职业的特殊性，所以要求我们必须要有耐心去应对工作中的种种细节问题。比如，顾客可能会因为不太会使用新买的产品打电话请教我们，这会极大地考验我们的耐心。如果我们稍微表现出一点烦躁情绪，敏感的顾客立马就能感觉到，这样会造成相当尴尬的局面。

　　乔·吉拉德在对待工作的态度上是极其有耐心的。在他的办公室里有这样一句话：通往健康、快乐以及成功的电梯坏了——你必须爬楼梯——一步一格。不论到什么时候，乔·吉拉德始终都把这句话记在心中，一旦有机会，还会现身说法，讲述这句话的重要性。有一年，已经76岁的乔·吉拉德要举行一次演讲，在演讲开始前，他让工作人员搬来一把6米高的梯子放在演讲台上，然后开始往上爬，一边爬一边说："通往成功的电梯总是不管用的，想要成功，只能一步一步地往上爬。"

在乔·吉拉德看来，人不管是想要获得快乐，还是想要获得成功，"梯子理论"永远适用。但在实际生活中，当我们在电梯和楼梯之间做选择时，往往会毫不犹豫地选择前者，因为电梯可以让我们节省大量的时间和精力。但需要注意的是，工作不是一蹴而就就可以完成的，如果我们一直想着"坐电梯"，难免会急功近利，这样是无法把工作做好的。所以，"一步一步地往上爬"是踏实对待工作的表现，也是每一名成功销售员所要具备的基本素质。

当然，在实际销售过程中，如果遇到一些犹豫、经常反复的顾客，对于销售员来说是一个很大的挑战，他们往往会因为顾客的表现而泄气。乔·吉拉德总结说："做事有耐心并不是件容易的事情，因为你的时间和金钱总是有限的。如果你没有耐心，那你虽能隐约看到巨大的利润就在不远处，但你可能永远也得不到。"

实际上，在销售的过程中，我们最大的对手是自己。每当遇到这种情况，我们不妨站在顾客的角度考虑问题，可能对方是一个节俭的人，所以他购买东西就会比较慎重。所以，与其心里产生不满，还不如对顾客说一句：我理解你。一句话往往就能让顾客对我们产生感激之情，从而化解我们的不耐烦。

除了应对顾客之外，我们还可能面对的问题是自己的销售能力不足。提升销售能力也是一件需要耐心的事情。乔·吉拉德在刚开始卖汽车的时候，除了过去征订报纸所积累的销售经验之外，并没有多少新的销售技巧。他发现作为销售员，如果没有丰富的销售技巧，是很难打动顾客的。为了提升自己的销售技巧，只要销售经理每次召开销售会议，乔·吉拉德都会积极参加。与其他心不在焉的销售员不同的是，他十分珍惜每次的学习机会。他会按照会议上放映的示范销售电影和经理的提示不停地做笔记，私下还不停地练习，表现出了极大的耐心和热忱。就这样坚持了一段时间后，乔·吉拉德惊讶地发现，在会议上所学的那些销售技巧已经开始潜移默化地影响着自己，现在的他举手投足之间，表现出的就是一个成熟销售员的素质。

所以，乔·吉拉德给每个销售员的建议是，工作必须付出耐心。而耐心又需要我们的毅力来支撑，这就意味着，我们要在工作中或者是生活中，成为自己的领导者，严格自律，让自己的能力不断得到展现。

不过，值得注意的是，销售工作除了耐心之外，还要快速找到顾客的需求点，这样我们的耐心才不会白费。正如乔·吉拉德所说："仅靠耐心本身并不能取得成功，你必须投入时间和金钱摸索自己吸引顾客和赢利的方法，从而确保自己成功。"

让客户感激你

有这样一个真实的故事：

一个在房地产售楼的小伙子，由于刚加入销售行列，所以好几个月都没有卖出一套楼房。这个小伙子是个乐观的人，虽然有些着急，但也知道急躁会适得其反的道理，所以他每天都会以平和的心态去面对工作。

一天，售楼部来了一位老人，这位老人毫不起眼，穿着普通。当时多数销售员都忙着自己的事情，无暇接待这位老人，即便有人注意到他了，也觉得像这样的人只是来看看热闹，不会有买房子的意向。那位老人一看没有人接待自己，也不懊恼，只是一脸微笑地坐在休息区。

这时，小伙子也注意到了那位老人，他也觉得老人可能不会买房子，但是老人的穿着和神态让他想到了自己的父亲，自己的父亲不就是这种朴素的模样吗？想到这里，小伙子便主动为老人倒了一杯热水，然后陪他聊了一会儿。

老人非常开心，两人就这样聊了起来。聊到中途，老人突然表达了想要买房子的意愿。小伙子当然欢迎，再细细一问，他便惊呆了——原来那位老人是一家企业的董事长，他决定换个新的办公环境，所以他要买的是整整一层写字楼，而非一套普通的住宅楼。最终，一笔生意谈成了。

作为销售新人，小伙子既没有销售经验，也没有多少社会资源，为什么"天上掉馅饼"的事情会砸到他头上？其实原因很简单，因为他本着平和的态度工作，所以在他眼里，不管来人是否有购买房子的意向，来者都是客，自己作为公司的员工，就有必要给予他们足够的尊重。

显然，故事中的那位老人正是因为受到了足够的尊重和关照，才决定从小伙子手里购买房子。这给我们的启示是，作为销售员，不论我们卖的是房子，还是其它产品，我们都要给顾客足够的尊重，不论他们是否会向我们购买产品，但最后他们会对我们产生感激之情，他们可能会成为我们下一个成交的潜在客户。

对于乔·吉拉德来说，他已经把尊重别人当成自己的职业习惯，甚至还有表演的成分。但不管怎么说，他的这种表演是真诚的，而且是有效的。

乔·吉拉德在办公桌的抽屉里准备了十几种不同牌子的香烟，当有粗心的顾客想要抽烟却找不到烟的时候，他就会把所有的烟拿出来让顾客挑，当顾客表示感谢时，他就会说："送给你了，拿去抽吧，不用客气。"

再或者，有顾客说他的衬衣很好看时，他会立刻把衬衣脱下来送给顾客，并说："喜欢就送给你，拿去穿吧。"当然，如果有的顾客真的不客气地接受了他的衬衣，他就会回办公室里穿上提前预备的衬衣。

这样的事情时有发生，甚至有的时候，对于喜欢喝酒的顾客，乔·吉拉德还会拿出一瓶酒来，在办公室里陪顾客一起喝。当然，他不会把自己喝得酩酊大醉，他只是通过这样的方式，让顾客慢慢放松。顾客完全放松下来后，他们接下来的谈话就会更加顺利。

如果是到顾客家中拜访，乔·吉拉德会拿着印有"我喜欢你"字样的小徽章送给顾客的每一位家人。除了照顾大人的感受之外，细心的乔·吉拉德还会顾及孩童的感受。如果有的顾客带着小孩，乔·吉拉德会拿出气球或是棒棒糖之类的东西给他们的孩子。

以上种种行为都不会付出太多成本，但一旦有成交的机会，那这些东西简直太微不足道了。即使当时不会成交，顾客也会因乔·吉拉德的付出而心生感激，这足以让他们把乔·吉拉德记在心里，在买车的时候第一个想到他。

乔·吉拉德说："顾客不仅来买产品，而且还买态度，买感情。只要我们给顾客放出一笔感情债，他们就会欠我们一份人情，他们会把这笔人情债放在心里，等着有机会来还，而最佳的还债方式就是购买我们所销售的产品。"

销售员和演员在很大程度上有着相似之处，顶尖销售员就是一流的演员，他们会配合顾客的衣着、举止，甚至动作。有时顾客进入店里后，会马上开始观摩摆在大厅里面的汽车。这时候，乔·吉拉德就会走上前去，但是他不会说任何话，只是保持适当的距离跟在顾客身后。顾客有时候会蹲下来看看车子的底盘，乔·吉拉德也会效仿顾客的做法，蹲下来看看车的底盘。这一刻就出现了转机，顾客往往会被乔·吉拉德的这个动作逗笑，因为他完全没有必要蹲下来。

只是一个动作就打破了销售员和顾客之间沟通的"坚冰"，不管是香烟、威士忌，还是棒棒糖和小徽章，包括配合顾客的穿着、动作，乔·吉拉德所做的种种，只是希望顾客知道，他愿意为他们做任何事情。

此外，在乔·吉拉德的办公室中，顾客看不到任何一样可以吸引他们注意力的东西，乔·吉拉德会把办公室打扫得很干净。当顾客离开后，他会立刻开始打扫办公室，把所有东西回归原位，倒掉烟灰，收起酒杯，然后向空中喷洒除味剂。他之所以做这些，也是因为乔·吉拉德知道有的顾客并不喜欢烟味和酒味，他希望他的每一位顾客在他的办公室中都能感觉到舒服和放松。

尽管为此乔·吉拉德付出了不少时间和金钱，但是他所得到的远远要比他付出的多。顾客总是对乔·吉拉德说："乔，我欠你太多了。"他听后总是回答说："哪有，不要这么说。"

而事实上，乔·吉拉德就是想让顾客产生这种"愧疚"的想法，利用顾客的感激之情，使自己的生意更加红火。

需要注意的一点是，这种"感情债"我们要把握好尺度。比如，要尽量选择一些物美价廉的东西作为礼物送给顾客，如果礼物太过昂贵，会让有些顾客产生"受贿"的想法，以至于拒绝收下礼物。所以，不要让顾客欠我们太多"感情债"，最好让顾客感觉到我们是在自然、真诚地为他们服务，而不是刻意为之。

不论用什么方法让顾客对我们产生感激之情，最重要的是，我们要熟悉顾客的习惯和喜好，这样才能"对症下药"，避免做出无效行为，从而最终达到自己的目的。否则，就会很容易引起顾客的反感，从而导致成交失败。

拒绝加入"小圈子"

不论什么工作，要想游刃有余地解决工作中的问题，前提都是要熟悉工作的整个流程，然后在此基础上，进一步掌握工作的每个细节。只有和工作建立一种深度关系，解决问题时才能厚积薄发，显得格外轻松。

对于销售员来说，要想使自己的业绩斐然，就必须与销售工作建立深度关系，而建立深度关系的关键在于投入。你投入的精力和时间越多，你与这份工作的关系也就越来越密切，直到你彻底掌握了它，并成为该行业的专家，此时你就会展现出强大的销售能力。

销售工作其实很公平，你的收获永远会和你的投入成正比。乔·吉拉德十分明白这个道理，所以他在加入销售行列后，给自己定的第一个规矩就是——拒绝加入"小圈子"。

所谓的"小圈子"，指的是"废话圈子"或者是"聊天圈子"。人如果加入了"小圈子"，每天早晨到了公司的第一件事，可能就是和其他同事讨论自己昨晚吃了什么，今天早上遇到了什么事情，或者是把过去一些陈芝麻烂谷子的事情再重新讲述一遍。你说一句，我说一句，时间不知不觉就过去了，如果碰巧有人讲个精彩的故事，那就更没有心思去工作了。这样又怎么能把握住做生意的机会呢？

  乔·吉拉德十分清楚，销售业绩来自于全身心投入，而非"撞大运"。他之所以能得出这样的结论，要得益于他初次加入销售这个新环境。

  刚开始卖车时，他和公司里的销售员都不太熟，而且他骨子里也有些排斥那些一有闲暇时间就闲聊的销售员。所以，除了他们讨论业务时，乔·吉拉德会凑上去学习之外，剩下的时间，他全部用来熟悉业务，或者通过打电话来拉一些生意，再或者发一些短信给他的家人和朋友，将自己的工作和销售的产品告诉他们。

  很快，乔·吉拉德就因销售投入获得了"丰收"。第一个月，他卖出了13辆车，第二个月他卖出了18辆车，此时他已经成为店里销售业绩最好的员工之一。不菲的业绩更让乔·吉拉德坚信工作投入的重要性。不过，正当他野心勃勃准备再接再厉的时候，却被解雇了。被解雇的原因很简单，就是因为店里的其他销售员认为乔·吉拉德抢了他们的生意。对此，乔·吉拉德进行了深刻的反思，他虽然依然坚定地认为自己的工作方法没有错，可他也意识到，能否维持好与同事之间的关系，也会影响到他的工作。

  有了前车之鉴，乔·吉拉德加入一家新公司后，依然拒绝加入"小圈子"，但这并不意味着排斥同事。在处理同事关系方面，他变得比以前更加老成。时间一长，同事们都了解到乔·吉拉德并非是一个孤傲的人，知道他仅仅是想把工作干好而已，所以，也都给了他足够的尊重。

  乔·吉拉德认为，不论你为谁工作或你卖什么，这是你的生意。你下的功夫越大，就有越多的人成为你的顾客。你逃避工作的每一分钟都会让你付出金钱的代价。如果你经常和一帮销售员聊天，你就没有利用自己的能力好好工作。因为，和一帮人闲聊你是挣不到钱的。

　　所以，除了不和同事闲聊之外，乔·吉拉德也不会和他们一起吃午饭。当同事们三五成群地去吃午饭时，乔·吉拉德是和顾客去吃饭的，就算不是顾客，也是能够为他带来顾客的人。他这样做的目的，仅仅是对自己工作的投入，他想尽一切办法让自己的工作做得更好。所以，他建议每一个销售员，在工作中，最好不要和同事组成"小圈子"，如果已经加入了，那就想办法退出来，因为这除了耽误自己的工作之外，是不会有任何好处的。

　　乔·吉拉德之所以这样认为，是因为他曾在工作中看到这样一个场景：

　　一位顾客走进他们的店里，这时，一个销售员对另外一个销售员说："哥们儿，帮我应付一下，他肯定只是进来逛逛。"另一个接到委托的销售员，因为不是自己的顾客，就没有放在心上，于是顾客真的逛一逛就走掉了。

　　"小圈子"里的销售员只会把时间花在对顾客品头论足上，而不会用来讨论怎样留住顾客。

　　作为销售员，如果我们现在就处在这样的"圈子"当中，那就要及早远离，因为我们很难学到真正的销售知识。在"小圈子"里的人，既是我们的同事，但也是我们的竞争对手，他们很难将积累多年的销售经验对我们和盘托出，更不可能为我们介绍一些优质的顾客资源。

　　乔·吉拉德认为，"小圈子"中的大部分人认为生意全是走进店里的顾客带来的，其实不然，如果仅凭此就能取得良好的业绩，那只能说明是销售员的"运气"不错。销售员要想源源不断地与顾客成交，就要明白不能靠"撞大运"，首先要拒绝加入"小圈子"，这样才能把所有的时间用在和顾客联系上。

　　在销售行业中，一切都得靠自己，如果我们连基本的业绩都完不成的话，那么即使有人想帮助我们开拓更重要的销售渠道，我们凭什么能够胜任呢？一个人只有在优秀的情况下，才会有机会得到更多新的机会，否则，他有可能在"小圈子"里和同事们在不断的抱怨声中虚度了大好光阴。

所以，与其加入没有生机的"小圈子"，还不如利用这些时间，多给顾客打几个回访电话，或者多了解一些客户信息。总之，只要我们投入，工作中还是有很多需要我们去做的事情的。不去做，就永远不可能找到新的顾客。在乔·吉拉德的家乡有这样一个比喻：如果你往墙上扔足够多的意大利面条，总有几根会粘在墙上的。乔·吉拉德后来用这个比喻形容销售员的工作，如果销售员不停地做工作只是为了拉一些顾客，那么或多或少都会拉到。

最后，记住乔·吉拉德的忠告，在维持好与同事的关系的基础上，不要加入任何"小圈子"。请不要忘记，我们做销售的初衷和最终目的是什么，要真正投入工作中，只要这样做了，那么在不久的将来，我们的收获就会是巨大的。

强大就是永葆进取之心

衡量一个人是否强大的标准，不是看其表面是否表现出无所畏惧的模样，而是在遇到困境时，是否依然能保持一颗不断进取的心。这里的进取指的是，能够长期坚持做一件事情，而不是虎头蛇尾。要想做到这一点并非易事，因为我们会受环境、情绪、自律等多方面因素的影响。

但是，做最艰难的事情，往往接受摔打的机会就越多，时间久了，人就能以苦为乐，以后即便遇到再多难题，也会一笑而过。对于销售员来说，销售就是一场战争，要想打赢这场长期战役，首先要做的就是保持一颗进取之心。

对于乔·吉拉德来说，保持进取之心从他的童年时代就开始了。乔·吉拉德家境贫寒，他在9岁的时候，就开始当擦鞋匠补贴家用了。每天放学后，他第一个冲出教室，带上擦鞋工具沿街招揽生意。可他很快就发现，这样揽生意的方式成交几率不高，尤其是天气恶劣的时候，根本没有人愿意停下来擦鞋。

经过多方观察和摸索，乔·吉拉德发现了一个有利于促成擦鞋生意的绝妙去处，就是酒吧。酒吧是一个令人放松和表现礼节的地方，三教九流之人虽多，但多数人都比较和善，尤其是在天气冷的时候，他能免受挨冻之苦。从此，他就成为他家附近那几家酒吧常见的小擦鞋匠。

擦鞋这一行相当辛苦，乔·吉拉德每次都得跪在地上，一丝不苟地遵循着擦鞋流程，为客人把鞋子擦干净。而每擦一双鞋，他只能赚5美分，有时候碰到一些无赖或者醉汉，都不一定能拿到钱。尽管赚钱很辛苦，但乔·吉拉德不仅没有打过退堂鼓，反而琢磨出一些小"把戏"，比如，在擦鞋的过程中，他会突然将鞋刷扔向空中，然后用另一只手接住。每当乔·吉拉德当着客人的面表演这一小"把戏"的时候，多数客人都会十分欣赏他的机灵，会多给他几美分作为小费。

时间长了，乔·吉拉德开始不满足于仅靠擦鞋赚钱。经过多方打听，他得到了另外一份工作——为顾客送《底特律自由新闻报》。因为乔·吉拉德还要上学，为了兼顾这份送报纸的工作，他每天必须6点起床，把报纸送到每一家，然后再去上学，放学之后，像之前一样去酒吧擦皮鞋。

有一次，报社针对乔·吉拉德这些送报纸的员工搞了一次竞争活动——每发展一家新订报纸的用户并能维持一个月以上者，就能获得一箱可乐作为奖励。这对·乔吉拉德来说，绝对是一个极大的诱惑。于是，他开始沿门按铃征订报纸。刚开始，乔·吉拉德遭到了很多人的拒绝。被拒绝的次数多了，他慢慢总结出了一套销售词，每敲开一家门后，他都会说一句："我希望你只订一周的报纸，如果不满意，一周后可以取消订阅。"

乔·吉拉德之所以这么说，是因为他总结出了人们订报纸的规律——多数人一旦订阅报纸，都会持续一个月以上。乔·吉拉德说："送报纸的经历，是我真正学习销售的开始。"

通过征订报纸，乔·吉拉德得到了数箱可乐的奖励，但他并没有选择喝掉这些饮料，而是将饮料摆到居民区去销售，并小赚了一笔。那时候，最让他感到骄傲的事情就是把赚到的钱交给母亲，看到母亲欣慰的笑容，他觉得自己付出再多辛苦也值得了。

虽然乔·吉拉德的进取之心很大一部分是迫于家庭的贫困而不得不早早面对社会。但是，如果没有擦鞋和征订报纸这些经历的沉淀，今天的乔·吉拉德能否成为优秀的销售大师还未可知。

不管经历惨痛抑或平淡，进取心对于销售员来说，都是成功的重要前提之一。我们每个人都犹如一座宝藏，蕴藏着无穷的宝物，等待着我们自己去挖掘和利用。只是，很多人更依赖于别人的经验，而从来不会"迫使"自己去做别人做不到的事情。

乔·吉拉德说："任何一个人都能够战胜我，只是他们不愿意这样做，因为他们没有强烈的进取心去这样做。"一个人能力的提升，往往是通过自己和自己能力的较量实现的。当我们不确定能否完成某个任务时，不妨鼓起勇气来试一试，想尽各种方法去完成。一旦我们获得了成功，我们就会发现，只有能正视挑战、敢于挑战的人，才能打破现状的束缚，不断地向前迈进。

其实，人最难超越的不是别人，而是自己。正如乔·吉拉德所说，任何人都可以超越他，只是没有人愿意去挑战自己罢了。超越自己，是一个不断自我激励、不断进取的艰难过程。积极地进行自我挑战，这本身就是一种成功。作为销售员，我们应该具有这种自我挑战的精神。

首先，不断地进取，克服"销售低潮"。

"销售低潮"是每一个销售员都可能遇到的，在这期间，我们可能会不断质疑自己的能力，陷入无尽的怀疑和自卑状态中。引起"销售低潮"的原因有很多，可能是销售业绩出现下滑，可能是发展新顾客遇到了阻力，也可能是某件事情的接连失败等等。

不论是什么原因造成的"销售低潮"，我们都要保持客观的态度，因为事情已经发生，不可能再改变，我们唯一能做的就是，仔细分析"销售低潮"产生的原因，不能过分归罪于自己。否则，我们会更容易钻入"牛角尖"，徒增痛苦。

找到原因之后，我们要重拾信心，鼓起勇气，继续上路。再过一段时间之后，我们不妨再回头看这件事情，这时就会发现早已变得云淡风轻，不会再对自己造成什么困扰了。

其次，学会自我激励。

销售员都希望自己的成果得到认可，而这份认可则需要销售员用良好的业绩来证明自己。

所以，销售员在情绪低迷的时候，要学会激励自己。激励自己是个技术活，尤其在情绪低迷的时候，我们不妨先避开那些令人心绪烦乱的事情，然后回想我们曾做过的最好业绩是什么时候，是怎么做到的，把每个细节都想到，到最后，我们都会佩服自己竟然这么能干。

　　销售是一种处处会面临压力的行业，要想在这个行业变得越来越强大，就要保持不断的进取之心。"进取"与"强大"从来都是相互依存的关系，你进取的心越强烈，你的能力就会越来越强，而当你越来越强的时候，你会意识到"山外有山"，认识到你需要更强烈的进取心。我们要伴随着进取之心，不断前行。

第 3 章

蓄势待发

——机会只眷顾那些有准备的人

有目标才能有成功的劲头

培养敏锐的观察力

聪明而不是勤劳地工作

倾听是销售的一大法宝

不要忘记那些琐碎的服务

有目标才能有成功的劲头

目标，这两个字对于当下来说，已经是老生常谈，很多人一提及这两个字，都有些不屑一顾——我有没有目标结果都一样，没成功。其实，我们大可不必谈目标而色变，不妨仔细想一想，我们给自己设定的目标是否足够清晰？我们是否朝着目标长期坚持了下去？如果不是，那么我们就该反思自己了。

不可否认的是，目标是获得成功的必要因素之一，也是一条颠扑不破的真理。对于销售员来说，有一个清晰的目标，是一件很重要的事情。因为只有心中有了目标，在销售过程中，我们的眼前才能浮现出我们想要得到的东西，它会一直鞭策我们不断前进，最终抵达成功。

对于乔·吉拉德而言，他最初做销售的目标，就是为妻子儿女解决温饱问题。对，就是这个看似简单却又充满辛酸的目标，让他在销售行业中慢慢站稳了脚跟。

在前面我们已经提到过，在加入销售行列之前，乔·吉拉德的建筑公司破产，导致他欠下巨额欠款，每天上门要债的人络绎不绝，银行还要扣押他的房子和汽车。本来已经慢慢把日子过得好了起来的乔·吉拉德还没从容享受这一切的时候，便从"天堂"跌入了"地狱"。

一天晚上，乔·吉拉德拖着疲惫的身子回到家时，愁容满面的妻子问他要买菜的钱。可乔·吉拉德此时身上分文皆无，他看看妻子，再看看孩子，陷入了无尽的自责当中。当晚，他失眠了，各种情绪涌上心头，连妻子儿女的温饱都解决不了的他，觉得自己是这个世界上头号的失败者。

但同时，乔·吉拉德深知，日子还得继续过下去，他不能也没有时间一味沉浸在失落和痛苦当中，他首先要解决的问题是，为家人赚来每日三餐的钱。乔·吉拉德就是带着这样一个目标投入销售行列中的。

入行之初，对于从未卖过汽车的乔·吉拉德来说，要想卖出一辆汽车谈何容易！他尝试着打电话销售汽车，但他不懂电话销售话术，再加上他说话结巴，还未等他把话说完，对方就挂掉了电话。

说话结巴，对于一个销售员来说，是致命的打击，这会在很大程度上影响与顾客的交流。可现在乔·吉拉德好不容易进入了销售行列，再加上家人要面临挨饿的局面，已经不允许他再另谋生路了。

怎么办？乔·吉拉德没有为自己留退路，他决定在最短的时间内改掉结巴的毛病。每次和顾客面谈的时候，他都会事先想好自己要表达的内容，然后放慢语速。就这样，一直结巴到35岁的他，终于在卖汽车之后克服了这个毛病。

克服表达能力的难题后，乔·吉拉德又回到了问题的原点——怎样卖出第一辆汽车？这个问题直接关系到家人的生存。于是，他每天心中只想一件事情——下班的时候，能为家人带一袋食物回去。

电影《猛龙过江》中有这样一句经典的台词：只要你对一件事情有

强烈的渴望，全宇宙都会帮你实现；如果说你还没有成功，那就是渴望还不够强烈。这句台词一语道出，只要我们围绕一个清晰的目标不断努力，那么实现它不过是早晚的事情。所幸，乔·吉拉德没用多久就实现了自己的目标。

那天快要下班的时候，一位顾客来到了乔·吉拉德的店里，当时多数销售员已经下班离开，还有几个销售员正与顾客交谈，没有人主动放下手里的事情去招呼那位顾客。乔·吉拉德一看机会来了，便主动上前接待那位顾客。因为太渴望卖出第一辆汽车了，乔·吉拉德至今都不知道那位顾客的姓名，只知道他是一个可口可乐的销售员。在销售的整个过程中，乔·吉拉德设想了好几条应对可口可乐销售员的对策：如果可口可乐销售员说自己有买车的意向，但需要征求一下妻子的意见，那么乔·吉拉德会立马请他拨通妻子的电话；如果电话没有拨通，那么乔·吉拉德会立马载着他回家。

总而言之，乔·吉拉德当时下定决心，不论发生什么情况，他会想尽办法让可口可乐销售员产生购买欲望。经过多方劝导，可口可乐销售员终于拍板定音买下了一辆车。为此，乔·吉拉德高兴坏了，他终于从可口可乐销售员那里得到可以维持家人生活的佣金了。

多年后，当乔·吉拉德回顾当年自己卖出第一辆车的时候，依然感慨十足地说："我成为世界上最伟大的销售员的原因，可能就在于我最需要的东西就是让饿肚子的家人吃上饭，除此之外别无他求。"

当然，对于销售员来说，要想取得一定的业绩，并非一定要有一个像乔·吉拉德一样拮据的家庭，而是要明确自己的真实需求是什么。你的需求越强烈，那么你就会越努力，最终也必然能得到自己想要的。所以，乔·吉拉德认为，一个销售员如果连自己的需求都不明晰，那么他就缺乏了成为成功销售员的基本条件。

在解决了家人基本的温饱之后，乔·吉拉德的销售事业慢慢有了起色，就在这时，他的内心深处又产生了一个新的目标——打败公司业绩最好的销售员。于是，他把这位销售员的照片贴在自己办公室的墙上，每天对着照片告诉自己，一定要取代对方成为公司销售业绩最好的销售员，结果他同样做到了。

在不同的阶段，乔·吉拉德都会根据实际情况制定短期或者长期目标，目标一旦定下，他就会竭尽全力地朝目标进发，直至成功实现目标。他就是通过这样的方式，一步步走向世界闻名的销售大师的。这给我们的启发是，销售工作不能没有目标，否则就是"当一天和尚撞一天钟"。工作上的目标是我们工作的最初动力，也是我们能够一直保持动力的重要因素，因此一定要给自己的工作制定一个目标，没有目标的忙碌是得不到任何结果的。

所以，我们不妨制定一个一天、一周或者一个月的要达到的销售目标，然后付出全部的努力去完成。需要注意的是，在给自己制定目标时，要根据自己的能力来确定，要比自己的能力范围再高一点，然后逐步提高，这样坚持下去，你的销售业绩必然也会得到大幅度增长。

不论怎么设定销售目标，我们都要明白自己想要什么，只有明白自己想要什么，才会用尽全力去努力，否则，设定再多的目标，也只是空中阁楼，不会有任何实际意义。

培养敏锐的观察力

有一位心理学家的拿手好戏是，每一位来咨询的顾客，只要几分钟时间，心理学家就能准确地说出这位顾客的性格、生活现状，甚至婚姻状态。顾客听后，多数都惊讶得合不拢嘴，因为在心理学家面前，他们自己好像完全没有隐私一样。

这位心理学家是如何做到在几分钟之内"看透"一个人的呢？原因很简单，就是观察。有句古话说："相由心生。"首先，心理学家会仔细分析每一位顾客的相貌，再结合顾客的身材、走路姿态以及坐姿等各个细节，然后就能准确判断出顾客的性格了。

对于一个顶尖销售员来说，他不但是优秀的销售员，也是一个心理专家，他会时刻观察顾客的一举一动，从而能准确地把握顾客的需求，然后达成交易。当然，要想培养出敏锐的观察力，不仅需要进行长期的学习，还需要时时刻刻观察见到的每一个人，这样日积月累，才能使之成为自己的经验。

在乔·吉拉德的销售生涯中，他之所以能够不断创造销售奇迹，外界的环境和顾客固然是重要因素，但绝对不是决定性因素，真正使他成功的原因在于，他不断学习的能力。乔·吉拉德认为，社会在不断进步，环境在不断变化，要想跟上时代并走在别人的前面，唯一的办法就是不停地学习。乔·吉拉德的学习并不局限于一种知识，他会根据自身的不足有针对性地学习，并最终把学到的知识转化到销售实践中。他认为，要想成为一名优秀的销售员，就要学会"看"，即观察能力。

我们都知道，古代两军交战之前，双方都会派出先遣人员刺探军情，甚至有的时候，为了得到更详细的军事行动计划，还会派出间谍人员潜伏在对方的军队里。双方付出这么多的原因，是他们都有一个终极目的——取得战争的胜利。乔·吉拉德也曾把销售比作一场战争，而他的最终目的，就是确认顾客是否有条件购买汽车。

有的销售员看到这里不禁会产生这样的疑问：确定顾客是否有购买汽车的能力，唯一的评判标准不就是顾客的穿着吗？除此之外，还能有什么其他方法呢？确实，因为我们与多数顾客都是初次见面，根本无从知道顾客的经济条件，那么通过穿着来评判顾客是否有买车的能力，似乎成了唯一可行的方法。不过，在乔·吉拉德看来，所有顾客都有条件买车，只不过在聊天的时候，销售员需要弄清楚顾客想做什么、应该做什么，以及从顾客的财力上来说他能做什么。

在实际生活中，我们或许有过这样的体验：当我们产生一个想法，并为这个想法的落实想了种种应对意外的策略，但是，当我们真正执行的时候，却总有意想不到的事情发生，我们之前想到的应对措施都没有起到相应的作用。可见，想法和行动是有巨大差距的。所以，乔·吉拉德明确指出，顾客想做什么、应该做什么和根据财力能够做什么是三件事情，而且是三件在大部分情况下不同的事情。

因此，当乔·吉拉德在得知顾客有购买汽车的意愿之后，他会询问顾客想买一辆什么样的车，并尽量满足顾客的需求。需要注意的是，这种情况只限于顾客的经济实力允许他购买自己看中的车。一旦顾客选择的汽车不适合他，那么作为销售员就要坦诚地告诉对方，以他现在的经济情况无法承担这辆车的费用，并向他推荐另一款适合他的车。如果销售员一味迎合顾客而不告诉他真实情况，那么很快就会给自己带来不必要的麻烦。那么，销售员如何告诉顾客实话而又不会引起顾客的反感呢？这就需要我们学习乔·吉拉德的销售技巧——"观察"。

当乔·吉拉德为顾客推荐另一款汽车之后，他就观察到，顾客可能开始注意他刚才说的话，并产生了表达自己愿望的欲望。这时，乔·吉拉德往往会适时引导，让顾客说出自己的真正想法。这时，如果销售员还是喋喋不休地劝说顾客，他为顾客推荐的汽车性价比如何高的时候，也就等于从侧面打断了顾客的表达愿望，这会让顾客非常被动，甚至会产生被销售员"牵着鼻子走"的想法。一旦造成这种局面，这笔生意很可能就要"泡汤"了。

为了避免这种局面的发生，乔·吉拉德在详细地介绍自己推荐的车型的同时，还会与顾客之前想买的车型作对比，并真诚地告诉顾客他提出这样的建议的真正原因，让顾客清醒地认识到，以自己的财务状况来看无法购买一辆自己想要买的车，而乔·吉拉德为自己推荐的这款车性价比确实比较高。

所以，乔·吉拉德强调，在销售中，要把顾客的一举一动都"看"在眼里，甚至连他们的每一个表情都不能放过。

不仅销售汽车如此，销售其它产品也需要注意类似事项。比如，很多人不明白保险的作用及其运作流程，面对各种保险公司更是不知道选择哪家合适。所以，他们一般会请销售员代为决定。

但是，请不要忘记，顾客让保险销售员帮助自己决定，并不代表顾客对他的话全都相信。这就要求保险销售员要在最短的时间内把握住顾客的需求，从顾客的动作、表情，甚至是一声咳嗽中"看到"线索，要想一想，顾客真的是这个意思吗？同理，销售汽车也是如此。

如果一家三口来购买汽车的话，作为销售员，我们最佳的推荐应该是一辆空间比较大的汽车，而非双座跑车。如果我们非要推荐后者的话，那么不管那辆车价格有多么划算，颜色有多么漂亮，顾客也不会买账的。但是，如果顾客家里已经拥有一辆可以容纳全家人的汽车，那么我们这时可以向其推荐一辆双座跑车，至少我们可以询问顾客是否喜欢双座跑车。销售员最忌讳的是，还没有完全弄清楚顾客的心思，就在对方需要一辆大车的时候，拼命地为他推荐一辆小车。

当顾客对我们推荐的汽车沉默不语或者心不在焉的时候，我们就要明白，顾客可能不满意我们的推荐，这时要立马探听顾客的"口风"，然后根据顾客的想法推荐其他车型。经验丰富的销售员会把顾客当成一部精彩的电影去用心揣摩，他们会根据顾客的旧车、衣服肘部的磨损程度、皮鞋的牌子等等，得到他们想要的信息。

乔·吉拉德认为，如果仔细观察顾客的旧车，就能得知顾客的大体情况。如果顾客的旧车里干净整洁，甚至还有一股香味，那么说明顾客本人也比较喜欢干净；如果里程表上的数字比一般人多，那么顾客可能是一个喜欢旅游的人；甚至，还可能从车的前座和储物格中看到其他汽车销售公司的宣传手册。

不要小看这些信息，它们的价值对于销售员来说是无法估量的。比如，如果顾客的旧车发动机出现怠速慢或者无力现象，我们就可以告诉顾客，发动机可能要大修或者彻底更换了。这个信息会刺激顾客产生更加强烈的购买新车的欲望，因为顾客在得到我们给的信息之后，也会算这样一笔账，与其换一台发动机，还不如再加点钱买辆新车。

要想彻底掌握"观察"这个销售技巧，需要我们在工作中不断锻炼、总结，只要长期坚持下去，必然会总结出一套属于我们自己的观察技巧，从而利于我们销售工作的展开。

聪明而不是勤劳地工作

在现实生活中，不少销售员总喜欢把无法销售出产品的责任归罪为店面的地理位置没有优势、产品质量太差，更有甚至还会抱怨顾客不主动……纵观这些原因，我们不难发现，他们总喜欢把无法销售出产品的原因归结到外界，而非自己身上。

这就好比一个自认为有才华的员工，抱怨公司的平台太小、薪水太少，总认为自己已经很努力了，可总是得不到认可。其实，我们不妨问自己一句，你真的足够优秀了吗？有时候，也许我们也付出了很大的努力，但仅仅是看起来很努力而已，我们可能根本没有做出优质且有实效的工作。

作为销售员的乔·吉拉德，也经历过身边的同事抱怨店面位置偏僻的事情，但乔·吉拉德认为，决定销售员能否卖出汽车的关键原因不在于店面在哪里，而在于销售员是否肯动脑筋地工作。乔·吉拉德在这家店工作了很多年，一直没有选择"跳槽"。没有"跳槽"的原因在于，他认为，销售员在哪里卖汽车、卖什么汽车都一样，关键在于能否聪明地卖车。

乔·吉拉德一年内零售1425辆汽车，平均一天要卖掉4辆汽车。能有这样的成绩，有时候不是勤勉就能做到的，尽管乔·吉拉德也承认，勤勉并不是一件坏事，但如果能学会更加聪明地工作，那么往往能取得事半功倍的效果。而他聪明的工作方式就是，制定详细的工作计划，把计划细化到每一天。

乔·吉拉德有一个厚厚的记事本，上面记录了头一天甚至更早的工作计划。每天早上，他都会翻看记事本，查看当天是否要见顾客，然后根据这些来安排一天的工作。对于顾客档案，乔·吉拉德从来都是认真对待，不会随便记录在本子上。他会按照顾客姓氏的首字母进行排序，这样查找起来，不仅方便而且节省时间。此外，他还会按照与顾客成交的时间来排序，这样做的好处是，他可以根据成交后的时间长短，来判断哪位顾客该买新车了。只要有空的时候，乔·吉拉德就会给那些有可能要买新车的顾客打电话，确认他们最近是否有购买新车的意愿。如果没有，那么他会进一步询问对方下次买车的时间会是什么时候，并做好记录；如果有，那么他会马上告诉对方，店里有了新款汽车。与顾客约好看车的时间，他也会马上记下来。尽管他的记性并不差，但他相信记事本能够帮助他更详细地记住更多东西，这样也能有效地节省他的时间和精力。

看，从一个小小的记事本中，就能体现出乔·吉拉德是一个做事高效的人，他把每一天的工作计划都安排得妥妥当当，这样工作起来才能游刃有余。但是，乔·吉拉德并不是一个循规蹈矩的人，他会根据当天的工作情况和内容，进行灵活变通，把时间花在"刀刃"上，让工作变得更加有效率。

在一天的工作当中，总会有一些空闲时间，但是乔·吉拉德在空闲时间既不会和同事闲聊，也不会坐在一旁休息。比如，这一天乔·吉拉德预约了一位顾客，但是这位顾客下午才能到。在等待的这段时间里，乔·吉拉德会继续开拓潜在顾客。通常情况下，他会给顾客写邮件，但他只是填写顾客的姓名和地址，并不急于写内容。原因是，那位预约的顾客随时可能会来，如果顾客来了，乔·吉拉德就不得不停止写信。而等与顾客见面结束后，他回来再继续写的话，可能已经完全忘掉了之前的思路，这就等于做了一场无用功。

通过乔·吉拉德的工作方式，我们不难发现，他之所以能造就销售神话，并非偶然。销售是一项需要付出脑力的劳动，我们所面对的顾客各式各样，工作也比较琐碎，如果不能总结出一个聪明的工作方法，我们就很难像乔·吉拉德一样把工作做到事半功倍。所以，我们应该从以下几方面入手，让自己的工作效率得到提升。

一、安排好工作日程

作为销售员，如果没有记事本，或者没有重视记事本，那么，从现在开始就要重视它了。不妨提前把第二天需要做的事情一一记录在记事本上，然后严格执行。这样我们就会发现，有了计划，工作起来既有条不紊，自己又感觉轻松愉悦，更重要的是，还能有效地提高工作效率。

二、用心工作

用心工作，说起来容易做起来难。因为坚持一时用心可以，但长期坚持下去就不容易了。那么，我们该怎么办？最好的办法就是，在每天工作状态最好的时候结束工作。需要注意的是，这个最好的状态是指快要下班的时候，如果我们带着高昂的情绪结束工作，那么就等于给自己留了一个悬念，我们会期待明天的工作更加有趣。这样下去，我们在每天的工作中都会处于兴奋状态，从而形成一个良好的循环。

三、善于思考、反思

思考和反思对于工作的意义是很重大的，它们能帮助销售员不断克服工作中的困难、总结工作规律、改进工作方法，从而使业绩不断得到提升。这是每位销售员都应该具备的能力，如果没有这些能力，那么聪明地工作也就无从谈起了。

总而言之，聪明地工作只是为了让我们在有限的时间里，能够更为高效地工作。但需要注意的是，聪明不是盲目地寻"小道"、走"捷径"，如果一味追求后者，那么就可能会适得其反。

倾听是销售的一大法宝

我们每个人都有倾诉的需要，只不过因为性格使然，或者场合不同，我们在多数情况下都会压制自己的倾诉欲望，但此刻只有我们自己心里明白，我们多么希望别人停止喋喋不休，把话题抛给我们，让我们也一吐为快！

所以，销售员应该明白，懂得倾听是和顾客有效沟通的第一步，也是最重要的一步。很多比较成功的销售员并不见得有多么高超的销售技巧，他们成功的重要因素就是懂得耐心倾听顾客说话。

乔·吉拉德在演讲中曾分享过自己一次失败的销售经历：

有一次，乔·吉拉德与顾客正式谈话结束之后，开始了闲聊。顾客手舞足蹈地说："嘿！哥们儿，你知道吗？我儿子考上了密歇根大学。他以后就是一个医生了！"

"真是太棒了！恭喜你！你的儿子这么优秀，你应该为他感到自豪！"乔·吉拉德说这话时，有些心不在焉地盯着窗外。

顾客开心地笑着，继续说："他从小就很优秀，我那时候就看出来了，这小子长大后一定成材！"

"你儿子成绩一直都很好吗？"乔·吉拉德抓了抓乱糟糟的头发。

"是啊，他的成绩从小就非常好，老师还经常夸奖他呢！"顾客说。

"哦，那他上了哪所大学呢？"乔·吉拉德顺着顾客的回答，随口问了一句。

"我刚才都说过了呀！"顾客说这话的时候，突然从沙发上站起身来，然后对乔·吉拉德说："对不起，我刚想起来有件急事等我去处理，我先走了。"说完，摔门就离开了。

第二天，乔·吉拉德主动给顾客打电话时，却被对方告知，他已经决定从别的店里买车了。乔·吉拉德有些惊讶，因为昨天这位顾客明明表示愿意从他这里买车，现在怎么突然就变卦了呢？他有些生气地问及原因时，顾客说："我和那个销售员谈起我的儿子的时候，他听得非常投入。对我来说，这就够了。"

乔·吉拉德这次失败的销售经历给销售员的启示是，与顾客交流的时候，要学会倾听。

事后，乔吉拉德总结这次教训时说："销售员做的最傻的事是与顾客竞赛，当顾客拿出孩子的照片时，许多销售员也会拿出自己孩子的照片。这一点儿也不聪明，因为你想压住顾客。"销售员要明白这样一个事实，顾客不会在意我们的子女或者其他事情，他只是想展示一下自己孩子的照片罢了。所以，我们不妨把舞台交给顾客，不论他谈的内容是否与汽车有关系，我们当一个忠实的听众即可。

需要注意的是，在倾听顾客说话的时候，销售员一定不能陷入对方的语言环境中，如果顾客就一个话题不停地说，而且丝毫没有停下来的意思，我们就要适时地插话进来，引到一个我们感兴趣的话题上，比如，顾客的真正需求是什么，然后尽量满足对方的需求。在后续的聊天中，我们要有意识地提供符合顾客要求的商品，并且尽力打消顾客的疑虑。

倾听是一门艺术，要想当好听众，让顾客满意，并不是一件容易的事情，很多销售员在实际工作中都很难践行。这是因为很多销售员在倾听的过程中，发现自己不赞同顾客的某些观点时，往往会打断顾客的话进行反驳。

这说明，销售员没有意识到自己是在销售场合，忘记了自己的真实目的，这样的争论不仅于双方无益，最后受损失的还是自己。再者，当顾客说到一些生活的烦恼或琐事时，我们不能因为不感兴趣就失去倾听的耐心。因为我们一旦失去耐心，顾客往往很快就能察觉到，他不仅会失去继续往下说的兴趣，甚至还会觉得自讨没趣，最后双方可能就会不欢而散。

有的销售员对于倾听是销售法宝这个论调持否定态度，觉得销售没有那么麻烦，认为只要自己口才好，嘴巴甜，能把话说到顾客的心坎里面去，难道还不能让顾客成交吗？因此，有的销售员在销售过程中，只顾自己长篇大论，顾客却连说话的机会都找不到。对于这种销售方法，乔·吉拉德认为是不恰当的。因为不论销售员说得如何天花乱坠，但这仅仅是销售员的看法，而这也导致顾客失去了发言权，试想，在这种情况下，还能有成交的机会吗？

所以说，让顾客开口说话并懂得倾听顾客说话，是销售员获得顾客好感和信任的有效途径。想一想，当有人对我们说的话表现出浓厚的兴趣，并摆出一副认真倾听的态度时，我们会有什么样的感受？肯定会感觉对方很亲切，并且会不由自主地信任他。同理，如果顾客能够感受到我们在认真地倾听他说话，那么他就会感到非常兴奋，会越说越多。顾客说得越多，我们能从中获取到的有用信息就越多。

需要注意的是，在倾听顾客说话的过程中，销售员不能仅用点头来回应顾客，因为有时候点头并不意味着自己是在认真倾听。倾听也是需要技巧的，当顾客在说话的时候，销售员应该坐在顾客的对面，注视着顾客的眼睛，这时候千万不能左顾右盼，否则会显得我们心不在焉。同时，还要保持微笑，不能面无表情或者一脸严肃，这样能体现出我们良好的职业素养，也会给顾客留下非常好的印象。

对于销售员来说，倾听顾客说话是顺利接近顾客的有利武器，也是专业销售员必须具备的素质。我们只有先学会倾听，投入顾客的情绪当中，这样才能与顾客产生情感共鸣，从而顺利地达成交易。

不要忘记那些琐碎的服务

任何事物都是由一个个微小的部分组成的，对于销售员来说，销售也是如此。正所谓"千里之堤，溃于蚁穴"，很多时候，顾客拒绝成交并不是因为销售员犯了某些大的忌讳，而是因为销售员在一些细节上，让顾客觉得销售员无法信赖。

很多时候，顾客虽然并不需要销售员为他们付出多少，但在初次见面的情况下，因为陌生、好奇等原因，顾客会不由自主地留意我们接人待物的细节。因此，能否做好这些细节，就成为打动顾客的重要因素之一。

纵观那些优秀的销售员，他们不见得曾经为顾客做了多少惊天动地的大事，相反，他们都是通过一些微不足道的小事与顾客建立友好的关系的。比如，乔·吉拉德最喜欢的方式就是，经常和顾客保持书信联系，这种细微的举动使得他在顾客心中的位置越来越重要。乔·吉拉德认为，作为一个销售员，就必须注重服务中的细节，有很多销售员而是因为细节问题而失去了顾客。

有一次，乔·吉拉德想要买一台电脑，他与销售员约定下午一点的时候在销售员的办公室里面谈。当乔·吉拉德准时到达办公室的时候，却没有看见销售员。20分钟后，那位销售员才走了进来。

销售员首先为自己的迟到表示歉意，并问乔·吉拉德："我有什么能为您服务的吗？"

此时，乔·吉拉德已经生气了，因为这位销售员耽误了他的时间，如果是在乔·吉拉德自己的办公室，他还可以利用这段时间来做些别的事情，但现在却身处这位销售员的办公室，而这位销售员又迟到了。这是乔·吉拉德无法忍受的，然而更让他气愤的是，这位销售员给出的迟到理由竟然是，他在对面的餐厅吃饭，由于服务太慢而导致他迟到。

乔·吉拉德直截了当地说："我也是一名销售员，但是我绝对不能接受你的道歉。既然我们约定好了时间，而你意识到自己将要迟到了，作为一个销售员，你应该放弃午餐赶来赴约，你要知道，顾客比你的午餐重要。"

说完，乔·吉拉德就离开了销售员的办公室。尽管那是一款十分抢手的电脑，而且价格也很实惠，但是由于销售员的迟到，乔·吉拉德最终还是选择了放弃购买。

这件事情让乔·吉拉德更加深刻地体会到，有的时候销售员之所以失去顾客，就是因为他们忽视了一些细节。在当下社会，"细节"这两个字已经引起越来越多人的重视，不论是企业还是个人，几乎都会强调细节的重要性。虽然这已经是老生常谈，但也是获得成功的重要因素之一。

为了证明细节服务的重要性，乔·吉拉德还举过一个售楼小姐的例子。

那位售楼小姐叫罗妮·里曼，她是俄亥俄州的一位高级住宅销售员，她从来不错过机会为她的客户提供细节服务。比如，她会充当顾客的"情报员"，为顾客提供社区周围的教育体制、残障儿童学校、养宠物等多方面信息。只要是一些小问题，她都会努力帮助顾客解决。

一次，在售楼成交以后，顾客发现车库的遥控器不见了，而卖主早已经离开了这个地区。于是，罗妮·里曼自己花了150美元为那位顾客买了一个新的遥控器。虽然在这笔交易的佣金中，她少挣了150美元，可是对她来说，顾客的良好感觉要重要得多。

"成也细节，败也细节。"在销售中，销售员应该关注细节，并从细节出发，这样才能提供让顾客更为满意的服务，从而实现顺利成交。

第 4 章

销售中，永远遵循
"250 定律"

——不得罪任何一个顾客

每个人的背后都站着250个人

怎样抓住那个 "1"

向每一位顾客微笑

小损失换取大利润

强行销售就是拒绝顾客

未成交的顾客也很重要

每个人的背后都站着250个人

　　将多米诺骨牌按照直线排成一列，然后推倒第一块，其他的牌就会依次倒下，这就是著名的"多米诺骨牌效应"。与之相似的，还有我们熟知的"蝴蝶效应"，这二者经常被人们用来形容某件小事引起的连锁效应可能会造成一个重大事件。这个理论同样适用于销售行业，而这个连锁效应则被乔·吉拉德称之为"250定律"。

　　乔·吉拉德的"250定律"指的是，在每一个客户的背后，都大约站着250个人，这些人都是与他关系比较亲近的人：同事、朋友、亲戚、邻居，假如我们令一个顾客不满意，就会引起和他关系亲近的250个人的不满意。

　　"250定律"并非乔·吉拉德凭空想象出来的，而是他在生活实践中通过长期摸索、总结而来的，并将其化用在销售当中。

　　有一次，乔·吉拉德的朋友的母亲去世了，他参加了葬礼。在葬礼上，殡仪馆员工为每人发放印有逝者的名字和照片的卡片，发到乔·吉拉德的时候，他随口问了一句："你是怎样决定印刷多少张这样的卡片的呢？"

殡仪馆的员工回答说："这得靠经验。刚开始，必须将参加葬礼者的签名簿打开数一数才能决定，不过，干这行时间长了，就能知道每场葬礼的参加者平均为250个人。"

得到这样的回答之后，乔·吉拉德并没有放在心上，他认为这是葬礼上的偶然罢了，一个人去世后，他生前所认识的全部的人都会来送他最后一程，这是人之常情。不过，对于乔·吉拉德的这个认知，很快就有人打破了。

此事过去没多久，另一家殡仪馆的员工来向乔·吉拉德买车。双方聊得比较愉快，殡仪馆的员工最后决定就从乔·吉拉德手里买车。等把所有手续办妥之后，乔·吉拉德突然想到自己之前参加的那场葬礼上那位殡仪馆的员工对他说过的结论。为了印证这个结论，他便向前来买车的殡仪馆的员工提了个问题："每次参加葬礼的人，平均数是多少？"

没想到，这个殡仪馆员工毫不犹豫地回答说："大约250人。"

这让乔·吉拉德大感惊讶，两个不同殡仪馆的员工以自己多年的工作经验，向他证实了参加一场葬礼的大概人数的准确性。这时，他的心中对"250定律"已经有了一个模糊的概念，不过，真正使他确定这个定律的是在他参加一个朋友的婚礼之后。

在婚礼上，乔·吉拉德向酒店的服务人员问道："一般来参加婚礼的人数是多少？"那位服务人员几乎想都没想，直接告诉他说："男方差不多是250个人，女方也差不多是250个人。"

通过以上种种事例，乔·吉拉德认为这绝对不是巧合，而是规律，他觉得应该把这个规律应用到销售当中去。在一次演讲中，他首次向听众介绍了"250定律"。乔·吉拉德的一个朋友感觉非常兴奋，因为他的经验告诉他，乔·吉拉德的这一定律是适用于很多场合的。

乔·吉拉德的这位朋友是位建筑商，他计划筹建一座会堂，可是不知道会堂要多大才能满足举办仪式所需要的空间。他是第一次建会堂，还没有多少经验可以借鉴。于是他组织了一批人开始研究，最终的研究结果是会堂的建筑空间大小必须能容纳25张圆桌，每张桌子坐10个人，也就是250个人！

朋友的建筑经验高度地契合了乔·吉拉德的"250定律"，他为此既感觉很有成就感，也开始把这条定律应用到实际销售中。乔·吉拉德认为，销售员在一个星期内见50个顾客，如果其中有两个顾客对我们不满意，按照"250定律"来推断，那么一年下来，就有5000个人对我们不满意。我们"得罪"了一个顾客，就连带"得罪"了他身后的250个人，而这250个人每个人的身后还站着250个人。这将是多么可怕的一件事。

所以，作为销售员，我们不能够"得罪"任何顾客。试想，如果有一个顾客走进我们的店里，正巧那天我们的情绪不好，没有让顾客满意而归，这个顾客回到自己的家里或者办公室，把自己的遭遇和家人或者同事提起，那么他"圈子"里的人即便听到的是转述，也不会对我们产生任何好感，更不会来找我们购买产品了。

当然，要想做到对每位顾客一视同仁确实很难，因为销售员也是普通人，也有七情六欲，谁能保证不会因情绪问题而得罪顾客呢？可即便如此，我们也要善待每一位顾客，因为他们是我们的"衣食父母"。正如乔·吉拉德所说的："我们谈的不是爱情或友谊，我们谈的是商业。我不在乎你对自己接触的顾客有何实际看法，但我认为你对他们的态度是非常重要的。当然，如果你控制不了自己的真实情感，那你就有问题。我们从事的是商业活动，在这里，一切人包括怪异的人、卑鄙的人、抽烟斗的人——都有可能掏钱买你的东西。"

所以，在实际销售中，销售员应该学会调节自己的情绪，即便面对最难缠的顾客，也不要有意地疏远他，回避他，而是要动之以情，晓之以理，让他看到我们的职业素养。即便到最后仍是没能打动他也不要紧，至少我们给他留下了一个良好的印象。

如果遇到一些故意找我们麻烦的顾客，我们要有既不怕事，也不与之发生摩擦的态度。正所谓"兵来将挡，水来土掩"，只要我们坐得端、走得直，我们做到了无可挑剔，那么顾客即使再无理取闹，也会变成自讨没趣。

当然，任何事情都是相对的，"250定律"也有它的正面影响。当销售员能够让一位顾客满意时，也就等于让这位顾客身后的250人满意了。口碑相传，将会有更多人认可我们，也会有更多人主动来和我们谈生意。

所以，作为销售员，如果不想被"250定律"打败的话，就要利用好"250定律"，尊重每一位顾客，让我们的销售"人脉"越来越广，建立起良好的口碑，从而取得销售上的成功。

怎样抓住那个"1"

我们是否有这样的体验：在购物的时候，只要销售员态度诚恳，触及到我们内心最柔软的地方，我们在多数情况下会直接选择付款购买。这就是销售中最重要的销售法则之一的"情感营销"，即准确抓住顾客的情感诉求点进行销售，这样大多能无往不胜。在乔·吉拉德的"250定律"中，首先要抓住250个人前面的那1个人，因为抓住了这1个人，就等于抓住了250个人。

乔·吉拉德是感情投资的高手。最广为人知的感情销售故事就是，他送了一位女士一束鲜花，祝她生日快乐。女士大受感动之余，立马决定从乔·吉拉德手里买车。

在这个故事当中，乔·吉拉德首先做到了付出真实情感，他觉得该女士是否买车并不重要，只要能给她留下一个好印象，那么她日后自然会介绍别人来买车。

其次，乔·吉拉德准确地抓住了这位女士的情感诉求点，即该女士过生日。尽管这个情感诉求点简单到谁都能看出来，但作为销售员的我们，如果听到顾客过生日，最多不过说一句祝福的话罢了，有几个人能像乔·吉拉德一样，专程去为顾客买一束鲜花呢？而那位女士收到的是一位陌生销售员送的鲜花，可想而知她该有多么激动和兴奋，买车也就成了自然而然的事情了。

乔·吉拉德的感情牌并不仅限于个人，有时候他会根据顾客的人数，以及他们之间的关系，灵活地利用情感营销，促成一笔生意。

一次，一位父亲带着女儿来店里选购汽车，想把它当作女儿的毕业礼物。

经过前期看车、选车之后，女儿终于看中了一辆车，那是一辆比较小巧的双座车，颜色比较艳丽。可就在签单付款的时候，父亲却突然犹豫了，他认为车的外表有些浮夸，说还想带女儿到别的店看看。乔·吉拉德见状，立刻对那个非常年轻的姑娘说："你知道吗？你是天底下最幸福，也是最幸运的姑娘了。"

女孩听他这么一说，自然要问原因了。

乔·吉拉德说："你拥有天底下最好的父亲，他愿意为你买这样一辆新车，你以后要好好孝顺你父亲。你知道吗？我从小就渴望拥有像他一样的父亲。"

乔·吉拉德短短的几句话，字字砸在那位父亲的心头，从侧面肯定了他是一位伟大的父亲。天底下哪位父亲不愿意得到别人的肯定，证明自己是一位合格的父亲？那位父亲被这番话感动得热泪盈眶，立马签了单子。

乔·吉拉德说这番话，并不是仅仅因为抓住了那位父亲的情感诉求点而信口开河，而是出于自己内心情感的真实表达。乔·吉拉德从小家境贫寒，还有一个脾气暴躁的父亲。如果说有一个和美的家庭，那么即使家庭再贫穷也不可怕，而最可怕的是，除了贫穷之外，家也无法成为避风的港湾，这无疑是雪上加霜。

小时候的乔·吉拉德便是后者，他从父亲哪里得不到一点温暖和爱，父亲对他永远是冷若冰霜，他每年收到的圣诞礼物，都是慈善家捐赠来的。在这样的环境中成长的他，希望拥有一位温暖且慷慨的父亲，也在情理之中了。也正是如此，他说出那番真情实意的话，最终才打动了那位父亲。

乔·吉拉德之所以能够成为情感销售的高手，除了与他小时候迫切希望得到别人的关爱有关之外，也与他经历过一次被销售的经历有关。

曾经有一位人寿保险销售员上门拜访乔·吉拉德，并建议他买一份保险。但是还没等乔·吉拉德作出回应，他的太太马上表示反对。面对拒绝，那位销售员选择的不是离开，而是直接对乔·吉拉德说："您知道的，现在很多人认为买保险就是一种浪费。不过，我还从来没有见过寡妇抱怨呢！"

销售员的话虽然有些难听，却又是不可否认的事实。人生在世，谁能保证自己一辈子都能顺风顺水呢？所以，乔·吉拉德考虑到家人的长远安全，决定买一份保险。而那位销售员见乔·吉拉德表现出认可的态度，便适当地停止说话，开始在申请表上填写资料。

对于销售员来说，没有什么经历是无用的，只要我们能够像乔·吉拉德一样，懂得认真生活、总结经验，并能把经验用在销售中，这样就能不断提高自己的销售能力。在实际工作中，当销售陷入僵局时，我们不妨学习一下那位保险销售员，从顾客的同伴或者亲人身上入手，让其助我们一臂之力。比如，一位女士看中了一件大衣，她试了又试，爱不释手。可同时，她又不经意间地翻看了几次价格标签。显然，她是嫌价格太贵了。作为销售员，如果此时仍然把女士作为第一销售目标，对其进行不断劝说，成交与否很难说。可如果我们转移目标，对女士的先生说："您太太穿上这件大衣真是太好看了，您看，她的身材多么纤细！"女士的先生听了这番话自然十分受用，多数会豪爽地直接为妻子付款。而我们这时就可以对女士说："您真是太幸福了，有这样一位先生陪伴在身边，真是太让人羡慕了。"简单的一句话，满足了这对夫妇的情感诉求，让他们成为自己的忠实顾客。

看，用"情感投资"的方式进行销售的效果，要远远好过费尽口舌的说辞。因此，作为销售员，我们要能够在最短的时间内，弄明白一位或几位顾客的情感需求，然后据此制定具体的销售计划，这样才有可能打动顾客。只要顾客被打动了，那么我们也就等于得到了250个潜在顾客。

向每一位顾客微笑

微笑，是一个很有魅力的动作。如果朋友之间闹了不愉快，一个微笑，就能化解矛盾；如果一对恋人吵了架，一个微笑，就能让他们重归就好。同样，微笑也适用于销售当中。作为销售人员，最不能吝啬的就是微笑，尤其是接待顾客的时候，我们的微笑往往能够给对方带去温暖。很多成功人士指出，微笑是与人交流的最好方式，也是个人礼仪的最佳体现。对销售员而言，微笑尤为重要。

乔·吉拉德进入销售行列之后，学到的最重要的销售技巧就是微笑。他说："销售员的脸不只用来吃东西、清洗、刮胡子或者化妆。它其实是用来表现上帝赐给人类最大的礼物——微笑。"在他的办公室里，也张贴了这么一条标语："我看到有个人脸上没有微笑，所以我就给了他一个。"尽管乔·吉拉德不知道这句话出自谁口，但是他非常欣赏这句话，并把微笑当成自己所必须具备的技巧。

或许对于没有感受到微笑的魅力的人来说，总觉得很多人只是夸大了微笑的作用，乔·吉拉德也不例外，只是有一个女孩让他对微笑的认知有了新的变化。

那时，乔·吉拉德只有17岁，正处于青春年少的懵懂时期，对异性有着异乎寻常的渴望。

有一次，在朋友的介绍下，乔·吉拉德认识了一个女孩。初见那位女孩，他就开始后悔，恨不得立马走掉，因为那是他有史以来见过的最丑的女孩。不过，在自我介绍的时候，那个女孩一直保持微笑。就是这个微笑，让乔·吉拉德觉得，那天的夜晚都被点亮了。他顿时忽略了那个女孩的长相，只觉得那个女孩魅力十足。

直到多年之后，那个女孩微笑的样子，依然深深地存在于乔·吉拉德的脑海里。也就是从那时候起，乔·吉拉德对微笑有了新的认识，他开始把微笑应用到销售当中，将其当成强有力的销售工具。

微笑能够给我们带来5大好处。

一、微笑能够迅速缩短我们和顾客之间的距离，打开双方的心扉；

二、我们向顾客微笑时，也会得到顾客的微笑；

三、微笑能够让我们更加自信，消除我们的自卑感；

四、微笑能够轻易地打动人心；

五、微笑可以"传染"。

所以，在销售中遇到烦恼的时候，我们不妨尝试着去微笑，甚至是哈哈大笑，这是一种很好的情绪宣泄方式。当笑过之后，我们就会发现整个人变得轻松起来了。

乔·吉拉德有一个朋友克劳狄欧·卡罗·布塔法瓦，他是伦敦著名萨伏伊饭店的总经理。这是一家拥有近百年历史的饭店，规模庞大，每天都有各式各样的人住进来。身为总经理，布塔法瓦每天不仅要接待这些人，而且还要管理数量庞大的员工。

这些事情加起来千头万绪，或许我们认为，这足够克劳狄欧·卡罗·布塔法瓦忙到焦头烂额了。但是他每天都能够有条不紊地处理完工作，显得十分轻松，而且别人也从来没有见过他愁眉苦脸的样子。很多人十分好奇他是如何做到每天轻松处理那么多的工作的。这个秘密一直等到他接受《纽约时报》的采访时，才被揭开。原来，他解决问题的最常用的方法就是微笑，他说："我的个性就是这样。用微笑可以避免所有或至少90%问题的发生。"

在实际销售中，有的销售员因为目无表情或者一脸严肃，导致失去一笔生意的例子屡见不鲜。乔·吉拉德的朋友就曾向他讲过一个真实的故事。

几年前，底特律的科博中心举办了一场大型船只展览会，前来参观的人很多，其中有一个来自中东石油国家的富豪。该富豪在展览会上看中了一条价值大约为2000万美元的船。当他把自己的购买意愿告诉一位船只销售员之后，那位销售员却冷若冰霜，脸上没有一点笑容。

富豪见状，马上掉头去找了另一位销售员。这位销售员得知富豪的购买意愿后，用微笑和热情接待了他，这使富豪感觉十分自在。结果，这位销售员顺利签下订单，拿到了不菲的佣金。事后，富豪对这位销售员说："我喜欢那些喜欢我的人。你用微笑向我销售了你。你是这里唯一让我感受到对我有欢迎之意的人。"

我们知道，要想达成这样一笔数额巨大的生意，仅仅依靠微笑是远远不够的，还需要销售员有过硬的专业知识、良好的表达能力，以及优秀的产品质量。这些因素固然重要，但如果我们像第一位销售员一样的话，即便专业能力很强，恐怕也很难成交，因为他在一开始，就用冷淡把顾客让给了别人。

所以，我们如果用真诚的微笑去对待每位顾客，总有一天我们会成为最受欢迎的销售员。因为对于顾客来说，他们所希望看到的销售员都是积极的、自信的，这样他们才能放轻松，然后配合我们达成生意。

因此，在生活中，我们应有意识地练习微笑。微笑不是人天生就具备的素质，即便是乔·吉拉德也要在卫生间里对着镜子练习微笑。所以，只要我们肯去练习，就一定能拥有迷人的微笑。

乔·吉拉德就创造更多的微笑，给销售员提了7个建议，分别是：

一、即使不想笑，也要试着笑

每个人都有心情沮丧的时候，但这个时候，只要是站在顾客面前，即使我们笑不出来，也要努力让自己笑出来。

有一种方法叫作"情绪诱导法"，即在心情不好的时候，利用能够让我们心情愉快的事物，使我们逐步摆脱沮丧的心情，比如，看一本自己喜欢的书，或是放一首自己喜欢的歌曲等。还有一种是演员经常会用到的方法，叫作"记忆提取法"，即把自己过去快乐的情景，从记忆中"唤醒"，引发微笑。

二、只把积极的想法和别人分享

不要总是把消极的想法挂在嘴边，这样是不可能有笑容的。当我们把积极的想法分享给他人时，就会发现别人会被我们的积极想法感染，和我们一起微笑。

三、用整个面部来微笑

迷人的微笑不仅仅牵动嘴唇，还需要我们用眼睛、鼻子、脸颊来配合。

四、彻底反转你的愁容

在这里，乔·吉拉德特别提到《我是如何从失败走向成功的》的作者弗兰克·贝格。贝格在年轻的时候是一个忧郁的人，常常愁眉不展。但是他想要成功，后来他发现，要想成功，首先就要改变自己的心态。于是，他决定用微笑来代替"苦瓜脸"。经过长期的练习，他做到了，最终也成功了。

五、大声地笑出来

大声地笑出来比微笑更具有魅力，当我们想要捧腹大笑时，不要忍着，让自己笑出声来。相信每个听到的人都会被我们感染。

六、培养你的幽默感

幽默感并不意味着一定要会讲笑话，还可以表现为，当别人和我们开玩笑时，我们能够一笑置之；当别人对我们微笑时，我们也要以微笑回报。

七、不要说"Cheese"，要说"我喜欢你"

在照相馆照相的时候，摄影师会让顾客说"Cheese"，这是为了带动微笑的嘴型。但是乔·吉拉德发现，说"我喜欢你"这句话会笑得更开心。当我们大声地和顾客说："我喜欢你。"相信每一位顾客都会对我们露出微笑的。

从现在起，面对我们接待的每一位顾客，我们都要露出微笑，不管他们是否会购买我们的产品，要让微笑成为我们招牌，从而达到吸引顾客的目的。就像乔·吉拉德说的那样："微笑吧，当你笑的时候，全世界都在笑。一脸的沮丧是没有人愿意搭理你的。从今天开始，直到你生命结束的那一刻，用心微笑吧！"

小损失换取大利润

《战国策》中有句话说"将欲取之，必先予之"，意思是说，人要想从对方那里夺取什么，就得先付出些什么。如果把这句话应用到销售行业当中的话，意思就是，销售员要想从顾客那里获得佣金，就必须先给顾客一些好处。因为所有顾客在购物的时候，都有同样一个心理——花最少的钱，买到最好的产品。

　　对于顾客的这一购买心理，乔·吉拉德把握得十分到位，并总结道，作为销售员，不要害怕被顾客"占便宜"，因为偶然一次"吃亏"在将来会给自己带来意想不到的收获。在他看来，如果碰到一位重要顾客，那么他会选择放弃佣金，甚至还会自掏腰包补偿经销商，然后做成这笔生意。

　　很多销售员对乔·吉拉德的这一做法并不理解，认为这样做自己岂不是亏大了？针对此，乔·吉拉德也想出了应对之策。他与经销商签订了一个协议，如果他认为某位顾客很重要，那么他愿意用自己的钱来补偿经销商的损失，然后低价把车卖给顾客。

　　这种情况虽然很少出现，但乔·吉拉德认为自己遭受一次损失也是值得的，在吉拉德看来，作为销售员要有长远的目光，对于一个手里有优质资源的顾客，要先主动给他尝些甜头，并和他成为朋友，在不久的将来，这个拥有优质资源的顾客，带来的将是无数潜在顾客。

　　那么，究竟是怎样一位顾客，值得乔·吉拉德甘愿付出如此大的代价呢？

　　这位顾客就是一家规模很大的雪佛兰汽车零件厂的工会主席。作为雪佛兰零件厂工会主席，他必然会开雪佛兰汽车上下班，如果选择其他汽车，他一定会遭到别人的质疑和嘲笑。在这样的环境中，雪佛兰成了他购买新车的不二选择。

　　而在给乔·吉拉德打电话之前，他心里对自己要买的车已经非常了解，也拿到了其他销售员给出的相当低的报价。他之所以给乔·吉拉德打电话，就是想再进行一次价格比对，然后决定从哪家店买车。

　　乔·吉拉德深知，面对这样的顾客，最忌讳的就是不停地周旋，这可能会导致对方直接挂掉电话。所以，他当机立断和汽车经销商商量出一个很低的报价，然后告之顾客。顾客果然很快就答应了下来，因为他知道，乔·吉拉德给出的报价已经是极限，而且很可能要亏本。

当顾客来店里的时候，乔·吉拉德也没有再多费口舌，希望顾客在报价上再增加一些，而是直接选择与顾客签下合同，让顾客把车提走了。

从表面上看，乔·吉拉德虽然要倒贴给经销商一部分损失，但他却收获了一位非常优质的介绍人。这位顾客作为雪佛兰零件厂的工会主席，在工厂内有一定的话语权，他会不断地告诉身边的同事，自己从乔·吉拉德那里，以最低的价格，买到了高质量的汽车。这在无形中就把乔·吉拉德介绍给了工厂里的其他人。除了在工厂，这位顾客一定还会在其他不同场合，和别人谈论自己怎样买到的便宜汽车。这位顾客永远不会忘记，自己从乔·吉拉德这里获得的低价优惠和令人愉快的服务，出于感激或者其他的任何原因，他都会介绍其他的人到乔·吉拉德那里购买汽车。如此一来，乔·吉拉德最后的收益会远远大于因为这笔生意而造成的损失。

对于销售员来说，有时候得到的，并不是真正的得到；失去的，也并不是真正的失去。就像乔·吉拉德一样，他失去的仅仅是短期损失，但因此获得的却是长期的利益。

所以，作为销售员，我们不能把目光永远盯在眼前的利益上，如果有必要，我们不妨暂时让利给顾客，将其发展成 "250定律" 中的第一个人。

强行销售就是拒绝顾客

有这样一个故事：

一位虔诚的天主教母亲有一个35岁的女儿，为了尽快将女儿嫁出去，她真是操碎了心。后来，女儿好不容易谈了场恋爱，就在快要步入婚姻殿堂之时，母亲却因女婿是新教徒而愁眉不展。于是，她对女儿说："你一定要让他改信天主教，一定要让他和你一起做弥撒。"女儿答应了母亲的要求。

几个月之后，女儿跑回来向母亲哭诉说："我要离婚了！"

母亲大惊失色地问道："怎么了？你们小两口不是过得挺好吗？再说了，你不是还劝说他改信天主教了吗？"

女儿回答说："是啊，就是因为我劝说得太成功了，他现在不仅改信天主教，还要去当神父了！"

如果从销售角度解读这个故事的话，这显然就是强行销售所带来的恶果。在实际生活中，这样的例子屡见不鲜。现在有很多商业繁华区的专卖店就存在着强行销售的情况，当顾客刚进入店铺之后，销售员们一拥而上，张口就问需要什么，顾客连把整个店逛一圈的机会都没有。在这样的情况下，顾客原本打算仔细逛逛的心情就会荡然无存，立马转身离去。

还有一种情况是，当顾客看中某件商品之后，却因商品的颜色开始犹豫，而恰巧店里没有他喜欢的商品颜色。此时，销售员不是想办法调取顾客喜欢颜色的商品，而是开始喋喋不休地说服顾客购买。毫无疑问，这会引起顾客的反感，因为他会认为销售员只考虑自己的利益，而毫不顾忌顾客的感受，自然会拒绝购买。

以上这两种情况，是作为销售员进行销售的大忌，因为强行销售不仅意味着拒绝顾客，而且即使强行销售成功，我们也会为此付出更大的代价！试想，作为被强行销售的顾客，他买了一件自己不喜欢的商品，必然会恼怒万分，以后只要有机会，他就会和别人说销售员的不是。如此一来，谁还愿意到我们这里买东西呢？

那么问题是，为何有的销售员总喜欢强行销售而不自知呢？乔·吉拉德认为，原因之一就是他们害怕被顾客拒绝。销售员在见顾客第一面之后，总想拿下订单，再加上担心被顾客拒绝，所以不免会有些紧张。这时，销售员就会说个不停，即使顾客已经有了购买欲望，但他还会错误地认为，越是在成交的最后关头，越是关键，因为很多订单都是在最后关头失去的。

但是，可悲的是，如果销售员不及时停止说话，那么顾客就会开始怀疑销售员，也开始犹豫自己是否应该购买。因为他觉得："我已经决定购买了，为什么销售员还是不停地向我销售，难道是在刻意隐瞒什么吗？"一旦顾客产生这样的想法，成交的机会就变得渺茫了。

那么，销售员究竟怎样才能有意识地避免强行销售，而又与顾客轻松地达成成交呢？在乔·吉拉德看来，要想解决这个问题，就要站在顾客的角度，考虑他们的购买感受。

一般来说，多数顾客购买产品，只会关注产品本身的功能、质量以及价格，而非产品知识。但是有很多销售员却认为有必要让顾客了解产品的原理和特色，于是他们开始喋喋不休地向顾客展示他们的专业知识。想想看，如果一个电脑销售员不停地对顾客灌输电脑的专业术语，那么顾客是否会感到厌烦？销售员要明白，销售场合并非培训场合，销售员的终极目的是把产品卖出去，而不是把顾客培训成某方面的专家。

乔·吉拉德认为，太多的专业知识非但不能帮你争取到顾客的订单，反而会"稀释"销售成果。乔·吉拉德这么说，并不是我们不该成为某销售领域的专家，相反，应该是，我们对自己产品的知识和相关资讯要烂熟于胸。

但需要注意的是，掌握专业知识是一回事，能够因人而异地运用是另一回事。在面对不同顾客的时候，销售员需要根据他们的不同职业，判断出应该给顾客提供多少专业资料。比如，如果面对的顾客是一位电脑工程师，那么我们为其提供的专业资料，绝对要比文员多。因为对于精通电脑的人来说，他们除了在意电脑本身的质量和价格之外，往往会对将要购买的电脑所应用的新技术十分感兴趣，这时，如果销售员的专业知识储备量足够的话，就可以和顾客进行深入的技术交流。这样多数都能与顾客轻松愉快地达成成交。

还有一种特殊情况，要求销售员必须向顾客展示产品资料，比如一些高风险的产品。为了避免顾客产生厌烦，我们可以在成交之后，对顾客说，有一件很重要的事情务必要让您知道。这时，因为已经成交，所以可以简明扼要地为顾客提供一些资料信息，以尽到销售员的责任。

此外，乔·吉拉德认为，当你要求顾客在订单上签字后，先沉默一段时间，给顾客足够的时间考虑他的决定，不要打断他的思绪。因为对于大部分顾客来说，他们对销售员的认知就是喋喋不休、能言善辩，其实对于销售员来说，太过能说并不见得是件好事。最高明的沉默是在我们向顾客做完产品介绍后，这时候的沉默是留时间给顾客，让顾客发表对产品的看法和见解，这时，顾客或多或少都会谈到关于产品的一些话题。

沉默最不适宜的时候，就是在销售员刚刚接触顾客的时候，这个时候应该是销售员说话的时候。如果销售员在这个时候保持了沉默，那么就会使双方的谈话陷入僵局。因此，在刚接触顾客的时候，要由销售员说话来打开局面，接着在介绍产品的时候，最好多用事实，销售员不要做太多的语言渲染，这样有时会引起顾客怀疑是否属实的想法。同时，在介绍产品的过程中，销售员可以引导顾客参与进来，这样可以经过交流知道顾客更多的看法。当顾客发表看法时，我们要认真听，等顾客说完了，我们再接着说。

同时，沉默还有另外一个优点就是，能够让我们有时间思考自己下面的话怎么进行，并想一下之前所说的话有没有不妥之处，以便在下面的谈话中进行补救。

总之，如果要让顾客感觉我们的销售行为不是在强行销售，那么就要在销售过程中，根据顾客的兴趣制定不同的销售展示，"过滤"掉没有必要的销售内容，并在适当的时候保持沉默。如此一来，我们才会避免因得罪1个顾客，而得罪他背后的250个潜在顾客。

未成交的顾客也很重要

当下很多销售员只看重一些潜在顾客和老顾客，经常保持联系的也是这两类顾客，而对于没有成交的顾客，他们的态度却十分冷淡，认为未成交的顾客再也没有成交的机会。

其实，这种想法是错误的。对于乔·吉拉德而言，不论是谁，在他眼里都可以成为潜在顾客。每当看到自己的同事轻易放走一个未成交的顾客，乔·吉拉德都觉得十分惋惜。于是，他和同事协商，付给对方10美元，只要求自己能与未成交的顾客谈一谈。

经过深入交谈，乔·吉拉德有了一个有趣的发现，很多没有与销售员达成成交的顾客，并不是没有购买的意愿，只是很多时候，销售员没有发现或者无法满足顾客的真正需求。这才是没有成交的真正原因。

有了这个发现之后，乔·吉拉德开始想办法与那些没有成交的顾客再次达成成交。因此，那些与同事没有成交的顾客，到了乔·吉拉德这里，反倒是一笔笔地成交。这让他的同事格外嫉妒，他们再也不愿意把没有成交的顾客以10美元的价格转让给乔·吉拉德。因为仅仅是谈一谈，乔·吉拉德从这些未成交顾客身上赚到的佣金，远远高于给他们的10美元。

最后，乔·吉拉德不得不中止与同事的协议。不过，这个偶然的尝试却为他上了生动的一课，让他意识到，没有成交的顾客，也是潜在顾客，而销售员要做的，就是反省自己之前与顾客的沟通是否存在偏差，重新寻找顾客的真正需求。

一旦清除顾客的购买障碍之后，他们会选择立刻购买。如果我们在与顾客第一次成交失败之后，就不再与顾客联系，那么当顾客想要继续购买的时候，就可能会到我们的竞争对手那里去买，我们也就损失了一个潜在顾客。

顾客之所以没有和我们成交，除了需求没有得到满足这个可能性外，还有可能是因为顾客对我们的公司以及销售员抱有成见。因此，通过适当且礼貌的联系，可以消除并扭转顾客的这一观念。反之，如果选择放弃，就等于失去了改变他们观念的机会，误会将一直存在于我们与顾客之间，这样一来，顾客绝对不会再向我们购买产品。

现在，我们知道了未成交顾客的重要性，与他们继续联系，目的就在于最后的成交，所以，在今后的销售过程中，要重视未成交的顾客。这需要我们遵守4项原则。

一、不是所有的未成交顾客都值得我们保持联系

没有与我们成交的顾客千千万万，如果我们每一个都去争取的话，必然会浪费大量的时间和精力。因此，这就需要销售员对未成交的顾客进行鉴别，分清楚哪些是还有希望促成成交的，哪些是希望比较渺茫的。确定了值得发展的对象之后，我们再投入时间与精力，要比从一开始就"眉毛胡子一把抓"有效率。

二、建立关系从第一次交易失败开始

机会不是每时每刻都有的，与未成交顾客联系最好的时机就是在初次交易失败之后。"打铁要趁热"，销售也是如此，要在顾客依然有购买需求的情况下，继续与他们保持联系。如果再等些日子，他们可能已经失去了购买欲望，或是已经在别处购买了产品。

三、切莫急于求成

发展未成交的顾客需要一个过程，因为他们并不是从一开始就对我们的产品十分满意。因此，在与顾客保持联系的过程中要有耐心，不要一开始就催促顾客购买，这样只会加剧对方的抗拒心理。在与顾客联系的初期，销售员应该把精力用在和顾客保持联系、建立感情和搜集资料上。万事俱备之后，再促成交易的形成。

四、向顾客问清没有初次购买的原因

要想促成顾客第二次购买，销售员首先要做的就是，向顾客请教他第一次没有购买的原因。只要态度诚恳，顾客大都会和盘托出。根据此，我们就可以改变销售策略，积极引导顾客进行第二次购买。另外，经常总结失败的教训，可以有效提高我们的成交率。

对于一个成功的销售员来说，未成交的顾客就是潜在顾客，潜在顾客就是准顾客，而准顾客就会成为他的老顾客。所以，销售员应该把没有成交的顾客当成潜在顾客，这样也就等于抓住了提高销售业绩的机会。

第5章

掌握拜访的技巧

——成功之门由此打开

寻找潜在顾客

全面了解约见对象

满足自尊，让顾客找到存在感

制定访问计划

销售不是刻意取悦顾客

顾客的时间也很宝贵

赞美你的顾客

寻找潜在顾客

作为销售员，我们可能有这样的经历：在大街上经常可以接到一些广告宣传单。对于这些宣传单，我们的处理方法可能是，大体浏览一下便扔到垃圾桶里。还有一种是，我们的手机收到一些宣传销售的信息。

面对这两种情况，我们多数会对千篇一律的销售内容一笑而过，但如果看到稍微有诚意的销售内容的话，还是会认真把它读完。

这给销售员带来的启发有两点：一是只要用心去做，任何宣传工具都可以吸引来潜在顾客；二是只有不停地去做，才能找到潜在顾客。乔·吉拉德曾形象地将销售比作转动的摩天轮，工作人员每次让一个人坐上去，让轮子往前转一点，然后再让另一个人上去，直到原来的一批人全下来，而另外一批人全坐满。然后，他让轮子转一阵再停下来，又重复同样的程序。

在乔·吉拉德看来，良好的销售和填满摩天轮的座椅是一样的。摩天轮一直在慢慢地转，这样，有的人——已与销售员成交的人，可以下去一阵子，而其他人——还没有达成成交的人可以坐上去。当他们坐在摩天轮椅上转了一圈之后，他们已经准备购买产品了，于是他们在购买之后便离开了座位，而另外一批人又会上去坐一阵子。

确实，只要持续不停地让顾客坐上"销售摩天轮"，那么我们的销售就会进入一个良好的循环状态，成交也会持续不断。那么，如何让顾客坐上我们的"销售摩天轮"呢？乔·吉拉德的做法之一是打电话。

尽管我们知道，当下电话销售泛滥成灾，很多顾客接到销售电话时，还没等销售员说明来由，便挂断了电话。据此，我们也许会认为电话销售简直是愚蠢透顶的销售行为，它带给我们的打击远远超过它带给我们的顾客。

但是，不管电话销售在我们眼中如何不堪，不可否认的是，它确实能带来顾客，而我们要想让"销售摩天轮"坐满顾客，需要做的就是保持耐心以及掌握电话销售的"话术"。

对于电话销售，作为销售大师的乔·吉拉德也并非每个电话都能找到潜在顾客。有时候，他打一天电话只能收获一个顾客，但这对他来说已经足够了。

有一天上午，乔·吉拉德拿到一个名叫史蒂芬的电话并打了过去，接电话的是一位女士。他说："葛太太，您好！我是雪佛兰公司的乔·吉拉德，您订购的汽车已经准备好了，您可以随时过来开走它。"

"先生，您可能打错了，我没有订购新车。"那位太太回答说。

"您确定吗？"乔·吉拉德问道，"您这里是葛克莱先生的家吗？"

"不是，我先生是史蒂芬。"对方回答说。

乔·吉拉德之所以故意将对方的名字搞错，意在给对方一个纠正的机会，这样她就不会立马挂掉电话，并会对之后的谈话产生兴趣。于是他接着说："很抱歉，史蒂芬夫人，一大早打扰您了。您是否需要买辆新车呢？"这时，那位太太回答说暂时不考虑买车，但她还是不太确定，得征求一下丈夫的意见。于是，乔·吉拉德又得到了她丈夫的下班时间，并准时打了过去，得知对方在6个月之后，计划买一辆新车。

之后，乔·吉拉德会将通过电话得到的关于顾客的一切信息，包括家庭住址、家庭状况以及喜欢的车型等等记录下来，并妥善保管。等到6个月之后，他再给顾客打电话并诚恳劝其买一辆新车。

从几分钟的交谈中，乔·吉拉德虽然获得了重要信息，但有时候并不意味着就可以坐等成交了。因为在6个月这么长的时间里，很有可能出现变数。如果到时候顾客因为种种原因不会购买新车，乔·吉拉德也不会为此感到沮丧，他会马上和对方打听，身边是否还有需要购买新车的朋友。最后，他不仅收获了对方的友谊，也得到了其他潜在顾客的联系方式。

确实，电话销售就得"广撒网"，即便和顾客没有成交也不要紧，不妨像乔·吉拉德一样，转换思路，从顾客身上得到其他有价值的顾客的联系方式，做好记录，并定期打访问电话。另外，销售员还可以通过"人际连锁效应法"来寻找潜在顾客。

这一方法就是通过已有顾客来挖掘潜在顾客，在这里起到关键作用的就是老顾客。每一个人身后都站着250个人，老顾客是我们可以充分利用的资源，因此，一定不能忽略老顾客，要时常和他们保持联系，让他们帮自己介绍一些朋友来购买产品。

除了老顾客，还可以利用的就是我们自己的朋友和家人。有人曾经问乔·吉拉德潜在顾客的名单从哪里找，乔·吉拉德指着他的电话簿问道："这里面的人都知道你在销售什么吗？你有多久没有打电话给他们了？"电话簿上家人和朋友的电话，就是我们潜在顾客的名单。

除了这些，销售员还有一个寻找潜在顾客的最佳地方——购物场所。对于每个人来说，都需要不定期地购买一些生活用品以及出行工具。作为销售员，不论销售的商品是什么，我们都可以在购物的时候挖掘潜在顾客。比如，我们是服装销售员，如果在超市购物的话，不妨顺便告诉对方自己的职业，并邀请对方来购买衣服。

因为我们先买产品在先，对方对于我们的自我销售，自然不会有任何排斥心理。一旦有一天，对方在逛街的时候，恰巧路过我们的店，必然会进来逛一逛，这样便有可能达成一笔生意。

所以，作为销售员，一定要把我们购物的店家列在顾客名单上，并定期查看这些名单，看看我们买了谁的产品。了解了这些之后，我们要明白，也是该让对方买我们产品的时候了。此外，如果与我们成交的是一位陌生顾客，我们务必要问清楚对方的职业，如果他也是销售员，而我们恰好也有购买对方销售产品的需求，不妨特意去对方那里购买，并真诚地感谢他购买我们的产品。这样一来，对方自然就会成为我们的老顾客了。

总之，作为销售员，处处都有潜在顾客，只要我们肯努力，方法得当，终有一天会让我们的"销售摩天轮"不断坐满顾客的。

全面了解约见对象

很多人羡慕那些与一些重要顾客侃侃而谈的销售员，认为他们风趣幽默，能够与顾客巧妙周旋，从来不会出现冷场，好像他们只要一出面，就没有搞不定的顾客。这就是一个成功销售员的"气场"，要想拥有这种强大的"气场"，除了在实际销售中不断锻炼之外，还需要在面见顾客之前，全面了解掌握顾客的所有情况。

有时候，我们只是看到了别人表面的成功，却从来没有想过他在背后的付出的努力。比如乔·吉拉德，他之所以能够成为世界级销售员，这是与他的努力分不开的。

在正式面见顾客之前，乔·吉拉德会搜集关于客户的一切资料，同时还会在脑海中想象自己和顾客见面的情景，如此反复演练之后，他才会去见顾客。乔·吉拉德认为，在见顾客之前要完全摸清对方的情况，这样在见面之后，才能像老朋友一样熟悉。从这一点上看，销售员和演员有一定的相似之处，在见顾客之前，先背好台词，经过多次的排练之后，才能够站在舞台上。

要做到对顾客全面了解，是需要付出很多时间和精力的。通常情况下，对于地位比较高的顾客，我们要想第一次约见成功的几率并不大。这就需要销售员事先制定出计划，从顾客身边的人入手，向对方打听顾客的工作生活规律，并通过对方得到和顾客见面的机会。

在确认了我们要约见的顾客之后，接下来就应该对顾客进行分析研究，准确地把握他们的各种情况，真正做到全盘掌握。这里经常会用到的办法就是，认真细致地做好顾客情况的调查，掌握顾客的第一手资料。

销售员可以从顾客身边的朋友入手，多方打听，这样就能够知道顾客都有些什么爱好，从而寻找和顾客的共同语言。乔·吉拉德中肯地指出，如果我们想要把东西卖给某人，就要尽自己的力量去收集他与你生意有关的情报。

有这样一个故事：

佩恩是美国一家药品公司的采购总裁，也是许多销售员争相拜访的对象，但是自始至终都没有哪个销售员能够打动他。当大家都在绞尽脑汁地想办法见佩恩一面的时候，却发现一个名叫杰克的销售员已经捷足先登了。

数月以后，其他销售员才知道杰克成功约见佩恩的原因。原来，杰克通过不断认识佩恩的朋友，终于得知佩恩最大的爱好就是下中国围棋。

为了能够和佩恩建立友好的关系，杰克特意去学了围棋，并努力提高自己的棋艺。正是通过这个爱好，杰克成功约见了佩恩，并最终成功地拿到了订单。

所以说，不管销售的是什么产品，如果我们肯多花一些时间去研究顾客，然后做好准备，最终就一定能够打动顾客，成功地将产品销售出去。

需要注意的是，要做到全面了解顾客，仅仅依靠大脑去记忆是不行的。假设销售员每天要见两个准顾客，一个月下来就是60个，一个月我们要记住所有顾客的兴趣、爱好、需求甚至是他们的家庭状况。如果仅仅是依靠脑力来记忆，就会出现遗忘或者差错。因此，我们可以效仿乔·吉拉德的做法，给每一个顾客"存档"。

刚进入销售行列的时候，乔·吉拉德只是把顾客的资料随手写在一张纸条上，然后随手塞进抽屉里。后来因为缺乏整理，有几次他竟然忘记了追踪顾客。这时，他才开始意识到建立顾客档案的重要性。于是，他专门去买了笔记本和一个小小的卡片夹，把之前写在纸上的资料做成了记录。在每一张顾客卡片上，他都记载着有关顾客和潜在顾客的所有资料，包括顾客的年龄、妻子、孩子、嗜好、学历、职务、成就、文化背景甚至顾客旅行过的地方，只要是和顾客有关系的，都在他的记录范围之内。

每次要见顾客之前，这些资料就成了乔·吉拉德事先预习的课程。

见到顾客以后，他就会围绕这些话题与顾客开始谈话，只要能够让顾客感到心情舒畅，那么销售的过程就会很顺利。乔·吉拉德认为，每一位销售员都应该像一台机器，具有录音机和电脑的功能，在和顾客交往的过程中，将顾客所说的有用信息全部记录下来。

对于每一位销售员来说，顾客就是我们的"衣食父母"，因此我们应该细致深入地去了解、掌握他们的各种情况，真正做到全盘把握、心中有数，这样与顾客见面之后，我们才会有话可谈，进而赢得对方的好感，提高成交几率。

满足自尊，让顾客找到存在感

每个人都有自尊心。一个自尊心强的人，也是比较敏感的人，他们往往懂得察言观色，不会做出有伤别人自尊的事情。同时，他们也渴望得到别人的尊重。

关于自尊，有多年销售经验的乔·吉拉德认为，只要满足顾客的自尊，就等于满足了顾客的存在感，顾客会觉得自己很重要，这样就能增加成交的可能性。他本人也喜欢和一些自尊心强的人做生意，因为自尊心强的人相信自己，也愿意冒险，能果断地做决定。反之，自尊心不强的人总是不愿意冒险，他们由于担心自己会犯错，在购买昂贵物品时往往举棋不定。

其实，除了汽车行业，满足自尊、让顾客感到自己很重要，这条销售技巧可以适用于任何行业，因为不论哪个行业的从业者，都需要将自己"销售"出去，从而赢得顾客的信赖。乔·吉拉德有一个作家朋友，就是通过充分满足顾客的自尊心，从而赢得优厚的稿费的。

这位朋友专门替一些企业家代笔写传记，有多年的写作经验，很多企业家有出书的意愿，一般都会找他。通过与形形色色的企业家打交道，他总结出，这些企业家都有一个共同的特点，就是自尊心很强。但有时候他们许诺的稿酬标准远远低于这位朋友心目中的价位。

刚开始时，这位朋友认为这些企业家不懂得作家的难处，不知道自己在写作过程中，需要参考大量资料，还要筛选出闪光的素材，然后才能开始动笔写作。其中付出的艰辛，不了解者根本无法体会。他认为那些企业家多数出身草莽，觉得写作是一份相当轻松的工作，不就是每天坐在办公室里，写写字嘛，有什么难的！

于是，这位朋友开始据理力争，不止一遍地向企业家讲述自己在写作过程中遇到的种种困难，目的仅仅是希望他们能够提高稿酬标准。可是，企业家们相当固执己见，很难让他们松口让步。最后，双方常常不欢而散。

后来，这位朋友开始反思，用什么办法既能让企业家提高稿酬标准，又能避免大家"撕破脸面"呢？

答案是给对方足够的尊重。这位朋友后来与某位企业家会面之前，详细收集了他的背景资料。正式见面之后，随着谈话展开，企业家为这位朋友知道关于自己大量的故事而感到很高兴，自尊心得到了极大的满足。

然而，这位朋友还不满足于此，在谈话过程中，他会拿出一个笔记本，如果听到好的素材，就会立马记下来。一方面，他确实是为了收集素材，另一方面，他也在暗示顾客，我很尊重你，你对我来说很重要。

结果不言自明，当谈话愉快地结束后，这位朋友不仅拿到了为企业家书写传记的权利，稿酬也达到了他心里的标准。

不难看出，乔·吉拉德的这位作家朋友，不仅拥有写作才华，而且是一个出色的销售员。尽管他的销售经验也是通过克服种种困难得来的，但这给销售员的启示是，我们可以通过满足顾客的自尊心，来达到成交的目的。乔·吉拉德认为，如果销售员能善用这种技巧，很少有顾客会不受其影响。

有这样一个真实的案例：

一位卖侦测器材的女销售员去拜访一家企业的主管，互相问过好之后，这位女销售员没有马上介绍自己销售的产品，而是说："我曾经拜访过一些优秀企业的主管，所以我知道像您这样的主管，需要亲自处理的事情很多，而您的时间确实非常宝贵。"

主管听了这话，十分受用，内心开始不再排斥这位女销售员，但还是矜持地点了点头，表示赞同她说的话。

女销售员继续说："我知道您时间宝贵，所以我提前做了准备，已经将一切手续准备好了，只等您签个字就可以了。"

主管点了点头，显然对女销售员的服务比较满意，不过，他告诉女销售员，下午他要去外地出差三天，所以要求女销售员给他一份说明书，以便他在飞机上看。

女销售员并没有受主管强势的影响，而是说："我知道您出差有重要的事情，不过在我看来，像购买侦测器材这样相对次要的事情，您是没有必要，也没有时间去想的。所以，我向您保证，您在出差的途中，我就开始启动订货程序，等您回来的时候，肯定就能用上这批机器了。"

主管最终在订单上签了字，女销售员成功拿到了这笔订单。

这位女销售员之所以能够拿下这笔订单，是因为她事先做了充分准备，包括如何通过销售语言来满足主管的自尊。

可见，通过满足顾客的自尊心来达到成交的目的，是很有效的销售手段。因为不论对于谁来说，都希望从别人那里得到肯定和赞美，以满足自己的自尊。很多人很享受自尊心得到满足的感觉，因为这会激起他们无限的自信，觉得自己是很重要的，这无疑是一种强大的能量。

所以，作为销售员，除了要明白给予顾客足够自尊的重要性之外，还要注意方式方法，否则，一旦说错话就会引来顾客反感。满足顾客的自尊时，首先要了解顾客的职业、性格，这样才能有针对性地说一些满足顾客自我的话，让顾客听起来很受用，从而避免让顾客产生销售员油嘴滑舌的不良印象。

比如，房地产销售员面对的是一位普通顾客，当发现对方实在没有明显的长处时，销售员可以先问对方："您之前一共搬过几次家？"要知道，多数人在生活中，或多或少都会有几次，甚至是十几次搬家经历。

当得知顾客的搬家次数之后，销售员可以这样说："您可是一个搬家行家啊！您知道吗？和那些没有搬家经验而且妻子不在就不敢做决定的人相比，您就厉害多了！"

不要觉得这种赞美很浮夸，因为在顾客听来，即使一些微不足道的优势得到别人的肯定，他的自尊心也会得到满足。此外，销售员还可以根据顾客性别以及年龄的不同，用不同的"话术"来满足顾客的自尊。比如，销售员遇到一位比较强势的女顾客时，可以对她说："作为男性，我很欣赏像您这样的女强人，她们有能力也敢于做出自己的决定。"如果销售员遇到比自己年长的顾客时，那么就可以利用自己年轻的优势，和对方说："我很愿意和您这样既有阅历也有决定能力的人做生意。您知道，现在很多年轻人，一遇到大事需要他们拿主意的时候，他们就不知道该怎么办。"

总而言之，自尊心是不分年龄，也不分职业和地位的，作为销售员，要想在第一时间赢得顾客的好感，使谈话得到进一步深入，就要提前准备好相关"话术"，如此一来，才能把话说到"点子"上，让顾客感觉自己很重要，从而促成成交。

制订访问计划

如何才能够让销售员在拜访顾客的过程中，始终自信满满、胸有成竹呢？乔·吉拉德的回答是："一份详细的顾客访问计划。"

在拜访顾客之前，就做好一份详细的顾客访问计划，是促进拜访成功的重要条件，也是许多成功销售员的秘诀之一。乔·吉拉德平均每星期要花上一半的时间用来做计划，每天要花至少一个小时的时间来做准备工作，在没有做好准备之前，他是绝对不会出发的。乔·吉拉德认为，毫无准备就走进顾客的办公室不仅没有礼貌，而且会觉得心烦、焦躁还有罪恶感，甚至还会有失控的感觉，因为你先被自己击败了。

所以，为了慎重起见，也为了让我们的访问工作更加顺利，就在拜访顾客之前先制定一份计划吧。既然是计划，就要把方方面面的因素都考虑到，因此，制定访问计划并不是一件简单的事情。想要做好访问计划，需要我们事先对顾客进行调查，还要根据顾客的不同列出不同的方案，这样才能做到万无一失，不被突发的状况打乱手脚。制定访问计划时，还需要考虑到一些必要的因素。

首先，销售员要为自己的访问找一个充分的理由，这样就不会被顾客轻易地拒绝。

销售员在访问顾客时候，需要选择不同的理由，不要每一次都是同一个理由，或者是对每一个人都是同样的理由。选择不同的理由，能够适应不同顾客的心理要求，充分尊重顾客的意愿，以便能与顾客达成长期合作。一般情况下，常见的拜访事由有如下几种：

1.提供服务；2.市场调查；3.正式销售；4.签订合同；5.收取货款。

其次，在拜访时间的安排上，要根据顾客的时间来确定。

通常情况下，对于时间的掌握，销售员是没有主动权的，顾客会根据自己的时间安排来选择让销售员拜访的时间，对于这段时间的利用，销售员需要掌握以下几点：

一、根据顾客的特点来选择拜访的时间

为了方便顾客，拜访的时间最好由顾客决定，销售员要做到准时赴约。

如果顾客让销售员自己来选定时间，为了能够取得较好的效果，销售员应选择在顾客最需要的时候进行拜访。同时，要了解顾客的起居习惯，不要在顾客休息的时候进行拜访，顾客最空闲的时候才是最佳的拜访时间。

最后，销售员要做到珍惜时间，不管是自己的时间，还是顾客的时间，都是十分宝贵的，因此要合理安排拜访时间，不要因为时机选择不当，而浪费了时间。

二、根据自己的拜访事由，选择合适的时间

如果销售员是以正式销售为事由的话，就应该选择有利于达成交易的时间进行拜访；如果是以市场调查为拜访事由，应选择市场行情变化较大的时候作为拜访的时间；如果是以提供服务为事由，就应该由顾客选择时间进行拜访；如果是以收取货款为拜访事由，就要对顾客的资金周转状况进行过了解之后再做拜访；如果是以正式签合同为事由，就要适时把握成交时机及时拜访。

三、根据拜访的地点选择拜访时间

拜访的地点一般分为家中和公司里，也有少数情况是在咖啡厅、餐馆等地方。通常情况下，销售员到顾客家中拜访的几率会大一些，这时，就要考虑顾客的工作时间和休息时间。同时，在预定好时间以后，要提前几分钟到达，以表示对销售工作的重视。

四、根据顾客的意愿确定拜访时间

通常情况下，顾客是不愿意和销售员消磨太多的时间的，因此，当顾客有明显的动作或语言，表示希望谈话到此为止时，销售员要考虑在最快的时间内以圆满的方式结束拜访。

五、在地点的选择上，要选择合适的地点

有时候顾客出于某些原因，不便在公司或者家中接待销售员，这时候，就需要我们根据拜访事由和拜访对象的不同，来选择约见的地点。通常情况下，适宜选择环境优雅、安静的公共场所。

以上因素都是制定访问计划所必须考虑的因素，但这些因素表现出来的仅仅是我们的礼貌问题，要想达成真正成交，仅仅依靠这些远远不够，还需要我们深入了解顾客的需求，以及自己所属销售行业的最新动态。

乔·吉拉德说："进入销售这一行，做好万全准备后再开始销售展示，对销售员的自信心将有莫大的帮助。如果销售员对自己的产品、公司、竞争对手都了如指掌，这将神奇地提升销售员的自我印象。因此，销售员只要把家庭作业做好，就能够准确地知道顾客的问题所在，并且帮他们解决。"

确实，拜访顾客之前做好充分准备是非常实用的。但前提是，作为销售员，必须具备丰富的产品知识和销售能力，这样才能为顾客提供精确的资料，也才能帮助他们做出明智的选择。

如果销售员不能给顾客一个充分的理由来购买自己的产品，那么顾客就会找不到产品对于他们的价值，他们不明白我们的产品在哪些方面优于其他公司的产品。这就需要销售员有能够分析公司产品特点的能力，并能"过滤"掉一些专业术语，用最通俗易懂的语言告诉顾客两者的差异。

基于此，这就要求销售员在进行销售之前，不仅要熟悉自己的产品，还要熟悉竞争对手的产品，对比两者的价格、功能、质量等，并找出两者的差异。销售员如果在进行销售之前，就掌握了竞争对手的产品的特点，那么就可以有底气地告诉顾客，我们可以为其提供别人提供不了的产品特点，这样我们就可以赢得这笔生意。反之，如果销售员对竞争对手的产品一无所知，想单凭一张嘴说服顾客购买，是很难达成交易的。

所以，作为销售员，我们应该像医生、会计、法律等行业的专业人士一样，通过不断学习，掌握丰富的行业知识，成为销售行业的真正专家，这也是拜访顾客计划中相当重要的一部分，尽管它看不见也摸不着，却是决定能否达成成交的关键因素之一。

销售不是刻意取悦顾客

有这样一个笑话：

一个单身男生在用餐的时候，注意到邻桌有个女孩也在独自用餐。那个女孩瓜子脸，五官精致，长得十分漂亮。男生对女孩一见钟情。于是，他不时偷偷地看她一眼，脑海里开始思考如何才能要到她的联系方式。

想了十几种开场白之后，男生始终没有勇气开口。这时，女孩用餐已经结束，开始买单准备离开。男生终于咬着牙，十分有礼貌地对女孩提出了自己的请求。没想到事情十分顺利，女孩痛快地把她的联系方式写到一张纸条上，交给了男孩，又和他聊了几句，然后才离开。

男孩独自用完餐之后，刚出门就将那张纸条扔掉了。

为什么？原因在于那个女孩一开口，她的说话方式就暴露了她的学识、素养，让男孩觉得她漂亮的五官顿时丧失了光彩，泯然众人。

很多时候，决定一个人能否给别人留下一个良好的印象的，并不完全是其外貌、穿着，而更多的是此人的行为表现是否符合礼仪。大家可能都有这样的体验：与一个长相普通但极其懂礼仪的人相处久了，我们会被他的魅力折服，很喜欢和他在一起。这就是礼仪的魅力。

对于销售员来说，除了注重着装仪表之外，还要注重个人礼仪。正如乔·吉拉德所说："没有卖不出去的产品，只有卖不出去产品的销售员。"礼仪是仅次于仪表着装的重要的销售"敲门砖"，良好的礼仪有助于销售员增强自信，发挥出更多的销售智慧，从而促使顾客签下订单。

反之，不懂礼仪的销售员常常在无形中破坏了和顾客交谈的结果。而每一个顾客都希望向值得信赖、礼节端庄的销售员购买产品。

礼仪原意是指绅士与淑女的行为准则，但是随着社会的发展，礼仪逐渐演变成为人们在社会生活中必不可少的言行方式和行为规范，包括得体的衣着、优雅的仪态举止、彬彬有礼的谈吐、亲切友好的态度等等。当礼仪不再是达官贵人才享有的专利，也不仅仅限于正式场合才需要去注意时，销售员就应该把礼仪作为自己的日常行为规范去遵守了，只有建立了有内涵、有修养的形象，才能赢得顾客的好感与信赖。

诚恳、热情、友好、谦虚等，这些常见的礼仪，大部分的销售员都可以做到。下面讲一些比较细节的礼仪，因为只有把细节做到位，才算是真正的懂礼仪。

一、介绍礼仪

在社交活动中，销售员免不了要做自我介绍，有时候还需要介绍别人相识。当我们要介绍别人相识时，应该先说："请允许我先介绍一下。"当得到周围人的肯定时，再接着说："这是某某。"有时为了让对方听得更清楚，还可以介绍一下被介绍人的工作等其他状况，但是不可以说别人的隐私、家庭状况等等，除非是被介绍人特别感到骄傲的事情。

一般情况下，应把身份低、年纪轻的人介绍给身份高、年纪大的人；把男士介绍给女士；当要介绍自己公司的人或是自己的家人时，应先介绍本公司的人或是自己的家人，后介绍来宾。

做自我介绍时，要面带微笑看着对方，表情、态度和姿势要大方自然。可在握住对方手的时候，做自我介绍。需要递上名片时，可在说出自己的名字之后，再递上名片。

二、交谈礼仪

许多销售员在与顾客交谈时，到了情绪激动的时候，经常会拍顾客的肩膀，唾沫四溅，这样的行为是不可取的。应该注意聆听对方的谈话，不要轻易打断对方的谈话，必须要插话的时候，需要提前打个招呼。谈话的内容切忌谈论对方反感的问题，不要追问对方不愿意回答的问题。

三、握手礼仪

握手是交际时最常用到的动作。主动的握手表示友好、感激和尊重。当销售员是经过介绍人和顾客认识时，一般是主方、身份等级高或年龄较大的人先伸手；异性之间握手时，男士一般不宜主动向女士伸手。

握手的时间不宜过长，一般以3~6秒为宜，如果关系较好，握手的时间可以长一点；与对方握手时，应该走到对方面前；握手时，伸手快表示真诚、友好、乐意与对方交往、重视双方的关系；伸手慢则表示缺乏诚意、信心不足。

四、邀请礼仪

销售员经常会举办一些销售活动，这时候就免不了邀请一些人来参加，在邀请他人的时候也需要注意一些礼仪。

首先，请柬要做到样式大方，格式正确，内容完整、准确，如果销售员的字写得比较好的话，可以手写请柬上的内容；其次，请柬要提前发出，使被邀请的对象有所准备，但也不宜过早；最后，应根据活动的性质、规模和邀请对象的身份，选择合适的发出邀请的形式。

五、拨打电话礼仪

电话是销售员最常用到的工具，但销售员常常会因为是经常用的，而忽略一些应该遵守的礼仪。

首先，在给客户打电话之前，应该做好准备；其次，拨错电话应表示歉意；如果听不清对方说话，应该说："不好意思，可以大声一点吗？"避免因为没有听清楚而造成误会；同时，销售员应用清晰的声音向对方说明本公司的名称和自己的姓名；如果是别人接的电话，在需要别人转达的时候，要说"谢谢"并询问对方的姓氏。如果我们要找的人不在，应问清什么时候能够回来；通话的内容要力求简洁、准确，重要的内容，需要重复一遍；最后，在通话结束后，要等对方挂上电话以后，再轻轻地挂断。

这些都是销售员在打电话时应注意的礼仪。同样，在接电话时，也需要注意一些礼仪。首先，在电话铃响之后，要立即拿起电话接听，并在对方说话之前，说："您好，这是××公司。"；其次，如果电话是找别人的，销售员需要在说："稍等。"之后，再去找对方要找的人，如果对方要的找的人暂时不在，销售员要记下对方的姓名、地址、电话等相关资料；最后，如果对方问及的问题是我们不熟悉的，我们应该交由了解情况的人来接听。

六、吸烟礼仪

销售员在进行销售的过程中，尽量不要吸烟，首先，这会分散顾客的注意力；其次，这也会引起不吸烟者的厌恶情绪。

如果顾客有吸烟的习惯，那么销售员在接近顾客时，应先递上一支烟。如果在顾客先一步递上香烟，而销售员又来不及取自己烟的情况下，应起身双手接烟，并致谢。不会吸烟的，可以婉言拒绝；会吸烟的，要注意把烟灰弹到烟灰缸中。正式开始交谈以后，要把烟熄灭，不要分散自己的注意力。

七、用餐礼仪

工作性质决定销售员会遇到不同的饭局，很多食物可能是自己不曾吃过的，这时候就需要销售员留意其他人怎么吃，然后再动筷子；不要让同桌的人有不愉快的感觉，在嘴里有食物的时候，不要张口说话；不要狼吞虎咽，要小口匀速地进食，这样可避免在别人突然向自己问话的时候，口中因为有食物而不能立即作答；在咀嚼或喝汤的时候，不要发出声音，如果是西餐，使用餐具时不要发出响声。

如果在用餐的时候需要喝酒，需要由顾客来决定喝什么酒，喝酒的量也需要顾客来决定。如果顾客表示不想再喝了，可以适当劝酒，但如果顾客再次强调不喝时，就不要勉强顾客；在自己酒量很好的情况下，不要由着自己的酒量来，顾客不喝了，销售员也应该放下酒杯。

八、使用目光礼仪

美国人在和别人说话时，习惯打量对方，否则就是不礼貌的体现；日本人在谈话的时候，习惯看着对方的颈部，直接看着对方的眼睛是不礼貌的体现；在中国，说话时需要用柔和的目光看着对方的眼睛和嘴部之间的区域，但不能死死盯着对方。

九、喝茶的礼仪

喝茶是中国的传统习惯，也是招待客人常用的方法。如果在顾客家中，顾客用茶招待销售员，销售员应用双手接过茶杯并道谢，不能大口喝茶，不可出声，也不可对茶进行评论。

在与顾客见面的过程中，时刻保持礼仪是应该的，但切忌不能刻意去讨好顾客。乔·吉拉德说："销售，绝不是降低身份去取悦顾客，而是要像朋友一样给予其合理的建议。你刚好需要，我刚好专业！"如果我们太过唯唯诺诺，只懂得迎合，即使表现得很懂礼节，也会被顾客看不起。我们要做的是在表现出良好礼仪的情况下，不亢不卑，这样才能赢得顾客的尊重。

顾客的时间也很宝贵

　　每个销售员都知道时间的重要性，可很多人都只是嘴上说说罢了，从来没有时间观念，明明当天就能完成的事情，非要拖到明天。从某种程度上说，销售员浪费自己的时间，也就等于浪费顾客的时间。因为，一个不懂珍惜自己时间的人，又怎么会珍惜别人的时间呢？

　　同样作为销售员的乔·吉拉德，曾不止一次地强调"时间就是金钱"，他还强调，认识到顾客的时间很宝贵同样重要。

　　一般说来，成功人士能够积累大量财富，正是因为他们充分利用了时间。有一位银行大盗在被问及为什么要抢银行时，他回答说："因为那是放钱的地方。"销售员不是"大盗"，但是对于销售员来说，顾客就是"银行"，我们是因为钱而去接触他们，而他们的钱却是依靠时间赚来的。因此，我们想要达成自己的目的，就要尊重和理解客户的时间观念。

　　成功的商人和专业人士，通常都是比较繁忙的，大多数销售员都不可能轻易就见到他们本人。因此，许多销售员都不会经过预约，而是直接去见顾客。因为他们认为，当他们人站在顾客面前时，对方就没有拒绝拜访的理由了。可事实上，这是一种错误的做法，大多数情况下，销售员都会被顾客身边的人拦下，就算是见到了顾客，顾客会说什么呢？他也许会说："好吧，我只有10分钟的时间听你介绍。"或是"我现在有重要的会议，下次再约吧。"总之，顾客是不会因为我们的突然造访而坐下来认真听我们的介绍的，因为他没有事先安排出这部分时间。就算他给了销售员10分钟的时间，我们又能用来做什么呢？仅仅是做一个简单的自我介绍，然后问一些简单的问题罢了，这不会给顾客留下任何深刻的印象。

因此，想要得到顾客的时间，就要充分尊重他们的时间观念。乔·吉拉德在去拜访顾客之前，会先进行电话预约，乔·吉拉德相信，尽管顾客的时间安排得很满，但他们还是愿意花一些时间来听听销售员带给他们的最新的市场动态。他认为，提前预约不仅能够让销售员合理安排自己的时间，也能够给顾客留下时间来考虑是否需要购买我们的产品，更重要的一点是自己的销售不会半途而废。

这样的情况在乔·吉拉德刚刚加入销售行业时经常会遇到。当他意识到应该通过预约来进行拜访时，已经是他成为销售员的第三个年头了。第三年以后，乔·吉拉德已经像一个医生或是律师那样通过预约来工作了。当时，很多人对此表示不理解，而乔·吉拉德认为这样很好，这让他更加像一个专业人士，或者重要人士，他喜欢这种感觉。

当然，乔·吉拉德也会遇到顾客没有时间的时候，当顾客对乔·吉拉德说他只有20分钟的时间来听乔·吉拉德介绍时，乔·吉拉德不会立刻抓紧时间去介绍，反而，他不会做任何介绍，因为要把60分钟的对话缩短到20分钟，是不会达到他想要的效果的。因此，他会和顾客说："不好意思，耽误您的时间了，下一次我一定早点预约，这一次，我们就先预约下次的时间吧，我需要一个小时的时间向您做介绍。"在我们看来，乔·吉拉德的话有点太过直接和坦率了，然而这是最好的方法，既向顾客显示了我们珍惜他的时间就像珍惜我们自己的时间一样，又体现出了我们的专业水准。

当下一次见面时，我们就会发现，事情要比我们想象中进行得更加顺利。因为已经有过一次接触，顾客从心理上对我们已经没有强烈的抗拒心理了。当然，具体需要占用顾客多长时间，要根据我们销售的产品而言，一定要在尽量少的时间里让给顾客充分了解我们的产品。如果乔·吉拉德耽误了一些重要顾客的时间，他一定会作出相应的补偿。

当乔·吉拉德的名字被越来越多的人知道后，来找他买车的人就更多了。很多经过预约的顾客都要等上许久才能见到乔·吉拉德。为了安抚顾客的情绪，乔·吉拉德许诺，等得越久的顾客，将会得到更低的报价，他的这一做法，让顾客更加心甘情愿地选择等待。正是因为为顾客着想，顾客才会越来越愿意和乔·吉拉德打交道。因此，珍惜顾客的时间，就像是珍惜我们自己的时间，是每一位销售员都应该做到的事情。在珍惜顾客时间上，销售员可以按照以下3点去做。

一、拜访之前先预约

为了避免突然拜访给顾客带来时间安排不过来的难题，销售员需要进行事先预约，这样顾客才能安排出合适的时间和我们见面，而我们也能有充分的时间向顾客做详细的销售展示。

二、节省顾客的时间

通常情况下，问候顾客的时间不超过1分钟，预定访问的电话不得超过3分钟；正式和顾客商谈的时候，要根据自己的产品状况进行时间的约定，在顾客能够完全弄清楚的基础上尽量缩短时间，避免销售一台冰箱也要占用顾客半天的时间这样的情况发生。

三、把时间主要用在决策人身上

和顾客身边的每一个人打好关系，是销售员应该做的事情，但是不要把主要的时间都用在他们身上，这样不但浪费我们的时间，也浪费准顾客的时间。

为了节约顾客的时间，需要销售员事先用大量时间做准备。有时候，为了1个小时的拜访，销售员可能要花10个小时的时间准备，不要认为这样不值，事后我们就会发现，打有准备之仗，是非常重要的。

赞美你的顾客

每个人都渴望得到别人的赞美。赞美之于人心，犹如阳光之于万物。每个人都希望被赞美，在心理学意义上说，是源自于个体渴望被尊重、被认可的精神需求。一旦这种精神需求被满足，人就会充满自信和动力。

对于销售员而言，学会赞美顾客，是与顾客搞好关系的关键因素之一。不要担心有的顾客会不喜欢赞美，即便是其貌不扬的林肯，都曾说过："人人都喜欢赞美的话，你我都不例外。"但需要注意的是，赞美不是溜须拍马，否则立刻会被顾客识破，从而产生厌恶的情绪。

真诚赞美是销售中的"通行证"，乔·吉拉德深信这一点。在一次拜访中，他发现女主人养了几只小狗，这几只小狗小巧玲珑，憨态可掬，十分招人喜欢。乔·吉拉德抱起其中的一只，对女主人说道："它真是可爱极了！你看它的毛色多么漂亮，还有这双眼睛，多么机灵!"说完，又蹲下身子，抚摸另外几只小狗，不断赞叹着。

女主人看在眼里，心也十分高兴，一脸柔情地看着那几只小狗。她与丈夫结婚多年，但因为各种原因一直没有小孩，于是便养了几只小狗。对于这几只小狗，她把它们当成孩子一样去对待，每天要花费大量时间照顾它们的生活。

因此，乔·吉拉德对小狗的一番赞美，让女主人感到十分愉悦，觉得他是一个了解自己的销售员。于是，女主人当即表示，她的丈夫在星期六有时间，请他到星期六的时候再过来详谈。

星期六那天，乔·吉拉德准时上门。见到了女主人的丈夫后，乔·吉拉德真诚地赞美了他的风度及事业上的成功。男主人听后，自然也十分开心，很快就签下了买车的订单。

在乔·吉拉德看来，每个人都喜欢赞美，顾客也不例外。每个人存活于世，不论工作还是生活，每天都需要处理许多不同的事情。而在处理这些事情的过程中，难免会遇到困难，如果此时没有人赞美或肯定，我们是很难坚持把事情做完的。

尽管赞美来自于别人，但这并不就意味着我们内心脆弱，从某种意义上说，有时候赞美不仅是鼓励和肯定，更多的是它能够增加别人对我们的好感。这一点，对于销售员来说尤为重要。

所以，学会赞美顾客，就成了销售员必须学会的要务之一。

首先，赞美顾客的内容一定要与其有关系。销售员到了顾客家中，发现顾客家中很整洁，一般都会夸赞一番。但是往往会忽略一个问题，就是只夸赞了屋子的整洁，却没有把主人联系进来，似乎屋子的整洁是与主人无关的。所以，我们可以在夸赞屋子整洁之后，加上一句"您真是一个懂生活的人。"这样就直接说到了顾客的心坎里，他自然会为此感到高兴。

其次，赞美之前先观察。人人都看得出的优点，我们再去赞美就没有什么新意可言。譬如，一位美丽的女士，无论谁见到都会夸赞她的美貌，次数多了，就不足为奇了。但如果我们能够更细微一点，就能显示出与他人的不同，比如说："您真是太美丽了，尤其是您的眼睛，我从未见过这样迷人的眼睛。"这样的赞美，说明了我们不是敷衍了事，而是通过自己认真的观察得出来的结论，是发自内心的。

再次，赞美需要真诚。只有真诚的态度才能打动顾客，而毫无诚意的赞美，顾客会从我们的语气中感觉到，不但不会感动，还会认为我们很虚伪，这样的赞美还不如不去赞美。

作为销售员，我们所面对的顾客是不同的，有的时候，我们用错了赞美之辞，不但达不到我们的目的，反而会令顾客不开心。所以，在对顾客进行赞美时，需要注意以下几点：

一、适度原则

赞美只要表达出我们的意思就可以，不必反复地提及，或是赞美起来没完没了。这样很容易让我们远离拜访顾客的主题。我们的赞美是为了让顾客购买我们的产品，只要达到了这个目的，赞美就可以适可而止。

二、有事实为证

赞美的话语应该以事实为依据，实事求是，千万不能言过其实。当我们用过于笼统的语言赞美顾客时，顾客一下就能听得出我们不是真心赞美他，不仅不会对我们产生好感，反而会产生极大的反感。有时候间接地对顾客进行赞美的效果比直接赞美好得多，双方都不会尴尬，但顾客能够听懂我们的赞美并为此感到高兴。

三、因"地"制宜

我们面对的顾客形形色色，不是每一个人都喜欢同一种赞美方式，有人喜欢含蓄，有人喜欢直接，不尽相同，这时候，就需要我们根据对顾客的了解，掌握顾客喜欢的赞美方式。

每个销售员都有自己的一套赞美话术，但关键是，我们那些赞美之语是否真正打动了顾客，促使他们下决心购买我们的产品。所以说，一切赞美都是为销售服务的，只有明白了这个目的，我们才能把赞美之语用得恰到好处。

第6章

保持诚信

——良好的信誉更容易赢得顾客的认同

用诚实赢得顾客的信任

诚实不等于老实

掩盖产品缺点就是掩耳盗铃

真心与顾客交朋友

兑现你的承诺

展示公司的良好信誉

用诚实赢得顾客的信任

作为销售员，不论是在工作中还是在生活中，我们都不喜欢和不诚实之人共事。不诚实之人，多数都喜欢耍小聪明，经常是说一套做一套，说起来无所不能，做起来却又力不从心。虽然一个不诚实之人并不能等同于坏人，但他平时为人处世的风格，却是我们难以接受的。

而诚实的人都很正直，也十分勤劳能干，从来不轻易对人承诺，一旦承诺就会全力以赴兑现。他们做事情，从来都不张扬，总是做完了再说。

相比之下，我们都喜欢和诚实的人共事，他们的踏实既能让我们信任，也能带给我们安全感。同理，对于顾客来说，他们也喜欢从诚实的销售员那里购买产品。所以，要想赢得顾客的信任，销售员必须做到诚实。乔·吉拉德认为，用诚实赢得顾客信任有一个重要前提，那就是对自己诚实。也就是说，作为销售员，我们要做一个诚实的人。诚实是一种美好的品格，不论是在生活中还是在工作中，我们都会享受到诚实所带来的益处。乔·吉拉德小时候在一位名叫苏拉南·凯西神父的影响下，才开始意识到诚实的重要性。

苏拉南·凯西是一位颇具传奇色彩的神父，他一生当中从事了多种职业，包括伐木工人、公车司机、狱卒等，是一位极有爱心且有勇气的人。他小时候生活在乡下，有一次他的小狗被山猫叼走。为了营救小狗，他追击山猫并与其搏斗，最终成功将小狗救回。

21岁那年，受到感召的苏拉南·凯西投入神职，在这期间，他为很多人进行过身心方面的治疗，治疗效果十分明显，在当地引起了巨大轰动。

乔·吉拉德认识苏拉南·凯西的时候，还是一个成天在大街上游荡的少年。不过，苏拉南·凯西并未因此看轻他，而是一有机会便对他说，要做一个诚实的孩子。

耳濡目染之下，乔·吉拉德受到了苏拉南·凯西的巨大影响，直到多年之后，一提到神父，乔·吉拉德脑海里就会出现留有浓密胡子的苏拉南·凯西的形象，以及他的告诫："我们或许愚弄了别人，却愚弄不了上帝。"

成年之后的乔·吉拉德，随着阅历的增加，慢慢地对苏拉南·凯西的这句话有了更深刻的理解。进入销售行业之后，他更加意识到诚实对于销售员的重要性。他认为，对于销售员来说，要想得到别人的喜欢，就要先喜欢自己；要想向别人销售成功，就要先销售自己；要想做到对别人诚实，就必须先对自己诚实。

所以，销售员不能好高骛远，编造一些不切实际的谎言，因为不论我们如何巧妙编造一些谎言，其实我们内心非常清楚这是无法愚弄自己的，当谎言泡沫最终破灭之时，我们会掉入自己的谎言之中，自食其果。

反之，如果我们对自己说实话，认清现实，对自己的工作、能力、家庭等百分之百地诚实，那么就会发现，我们也能自发地对别人诚实。

另外，销售员要三思而后言。乔·吉拉德认为，说话如同吃饭，吃饭的时候，我们会把真正有益且美味的食物放到嘴里；而说话的时候，必须经过思考，才能确定我们说的话是否是别人心灵和思想的"食物"。

乔·吉拉德之所以有这样的感悟，完全来源于销售。那时他刚进入销售行业，为了改掉口吃的毛病，他开始有意识地训练自己，在说话之前想好要说什么，表达时放慢语速，就这样，他成功地克服了口吃的毛病。

后来，他又把这一心得用在拷问自己说话是否诚实上。每次说话之前，乔·吉拉德都会问自己："我要说的是真的吗？"通过反问，会直指自己内心，时间一长就能发现，我们的谎言越来越少。这些谎言多数是随口而出，但没多久我们就开始后悔，甚至变得坐卧不安。认识到这些，我们就能体会到诚实带来的好处，最起码能够让我们心安理得。

对销售员来说，70%的顾客会购买我们的产品，都是出于对我们的信任，因为信任我们，所以他们信任我们的产品，每宗交易的成功，都建立在相互信任的基础上。销售员和顾客之间也是合作关系，同样需要以诚信作为合作的基础。

在当今竞争日趋激烈的市场条件下，信誉已经成为竞争制胜的重要因素，唯有诚信才能为销售员赢得信誉。作为销售员，如果在与顾客的合作过程中失去了诚信，就相当于丢掉了客户对我们的信赖，这对我们的销售工作的展开是极为不利的。这不仅仅是良知的问题，甚至会涉及法律。乔·吉拉德曾举过这样一个例子：约瑟夫·麦卡锡是美国威斯康星州的参议员，他本该拥有光明的政治前景，但是却因为一件事情而使前程毁于一旦。

一天，约瑟夫·麦卡锡拿着一份名单，宣称外交部有许多人是共产党员，这是一份他运用调查技巧得到的名单。其中的证据都是有可疑之处的，但是仍然有效地引发了公众对名单上人士的控诉，严重地影响了许多无辜人士的生活及前途，引发了美国有史以来最大的一桩政治迫害事件。

事后，经过调查，证明约瑟夫·麦卡锡是错误的，但是伤害已经造成。最后，他遭到了同僚的非难，因为玩弄谎言，他的政治前途一败涂地。可见，无论在什么情况下，没有诚信的人，下场都是很惨的。作为销售员，背弃了诚信，就会让顾客蒙受损失，从而对我们失去信任。

这件事情给乔·吉拉德留下了深刻的印象，所以，他比其他同行更加努力地说真话，为的就是改善汽车销售员在顾客眼中的形象。他总是很坦白地告诉顾客："我不只是站在车子后面，我也能理直气壮得站到每部我销售的车子前面。"他从来不承诺自己做不到的事情，正是这个原则使得乔·吉拉德在工作中很少遭到信任危机。

乔·吉拉德始终坚信，如果在销售工作中对顾客以诚相待，那么成功的机会会大得多，并且会经久不衰。因此，想要成为成功的销售员，就不要急着把产品销售给顾客，而要着重于想办法取得顾客的信任。取得顾客的信任之后，再不断地向顾客传递有关产品的信息，为顾客提供优质的服务等。这样的做法要比一开始就急着销售，效果好很多，同时也避免了我们费力介绍之后，却没有取得顾客的信任，最终没有购买我们的产品情况的发生。

许多顾客在购买乔·吉拉德的汽车时，都会拿他和其他的汽车销售人员做比较，但最终还是会选择乔·吉拉德所销售的汽车。顾客这样做，有时候并不是因为乔·吉拉德销售的汽车比其他销售员的价格更低，也不是因为质量更好。相反，乔·吉拉德销售的汽车有时候还会比其他的销售员贵75～100美元，但是顾客宁可多花这些钱，也要买个放心。

这足以见得信任的力量，如果不是因为信任，没有人会愿意选择一个同等质量价格却更贵的产品。以诚相待，是销售学上最有效、最高明、最实际也最长久的方法。

心理学研究显示，人有一个共同的心理现象，就是如果有人能使自己感到开心，能够让自己信任，即使是事情与他们的心愿稍有不符，他们也不会太在意；相反，对一个不信任的人，即使是一点小缺陷，也会成为他们拒绝的理由。因此，在销售行业中，能够取得成功的，不一定是那些很有销售技巧的销售员，但一定是那些善于赢得顾客信任的销售员。销售员要善于运用这一点，赢得顾客的信任。

一名销售员如果在销售过程中展示出了自己良好的信誉，并始终注重诚信，他就能赢得顾客的信任，在销售领域有所作为。

诚实不等于老实

诚实是一种美好的品格，也是每个人都应该具备的素质。但是如果诚实过头，那就成了老实。在当今代，"老实"并不是一个褒义词，相反，有时候它是一个贬义词。

所谓的"老实"，常常是缺乏自信、遇事逃避、自我压抑，还伴有孤独感。老实之人多数缺乏胆魄，不论是在工作中还是在生活中，每遇到事情需要抉择的时候，他们都会自乱阵脚，丧失独立思考的能力，只会盲从他人，并急于给予回应。所以，他们看起来死板、不懂变通，每遇到问责之事，总是第一个站出来撇清责任，原因就是害怕承担责任。所以，这时候的"坦诚"，往往会给他们带来更多的麻烦。

一旦惹上麻烦，他们又爱生闷气，却从不主动寻求解决方案。因为他们害怕沟通，一句话能够解决的事情，绝不多说第二句。在与人交往时，他们表现得十分拘束，显得谨小慎微、唯唯诺诺，他们害怕别人对自己好，因为他们觉得自己没有能力"偿还"。

相比而言，诚实之人往往具有浩然正气，不论是在工作中还是在生活中，他们都具有独立思考的意识，懂得灵活变通，该说的话一定会大方表达；不该说的话，他们只字不提，或者换一种表达方式。总之，"诚实"与"老实"虽然只有一字之差，却泾渭分明。

在销售行业中，老实人并不占优势。因为作为销售员，每天需要面对的是形形色色的顾客，如果老实人在任何时候都不加思考地将自己内心的想法和盘托出，也不考虑顾客的感受，那么此时所谓的"诚实"的美好品质，就成了惹人嘲笑的话柄。

乔·吉拉德认为，销售中是可以允许谎言的存在的，但一定要是善意的。诚实只是销售员用来追求最大利益的"工具"。因此，在销售中，诚实是相对的，需要销售员根据不同的销售场合以及顾客的不同，说令顾客感到愉悦的话。

比如，当一位顾客带着一个小男孩来店里时，那个男孩的相貌明明很丑，如果销售员非要用"帅气"、"清秀"之类的词语来夸赞的话，顾客内心会认为我们虚伪。所以，我们不妨避开小男孩的相貌，根据他的言行举止来称赞他："这位小朋友可真是聪明！"这是为了销售，销售员要说的善意的谎言。

在销售当中，说实话是必要的，尤其是在顾客事后会查证的情况下，实话实说才能赢得顾客的信任，顾客也才愿意继续和我们合作。因此，对于顾客能够查证的事情，销售员绝对不能说半句谎话。

乔·吉拉德在卖给顾客一辆6个气缸的汽车时，他绝对不会说是8个汽缸的，因为顾客只要掀开车盖，数一数配线数，就会明白他在说谎。这样的后果会直接导致顾客拂袖而去，除了不会再向乔·吉拉德买车之外，还会到处揭露他的欺骗行为。

这样的错误，乔·吉拉德当然不会犯。但是，如果碰上一些顾客无法求证的事情，他就会灵活变通，说一些善意的谎言促成成交。可是，乔·吉拉德身边的同事却不会这样做，他们的"诚实"往往得罪了顾客，从而让本来有可能成交的生意泡了汤。

有一次，一位顾客开来一辆旧车，问他的车可以折合多少钱。乔·吉拉德的同事毫不犹豫地说："这种破车，值不了多少钱的。"

同样的事情，在乔·吉拉德看来，即使顾客的车再旧，顾客对它也有感情，顾客买车的同时也卖车，如果不能考虑到顾客的感受，势必会说一些伤害对方的话。所以，乔·吉拉德会这样对顾客说："先生，看起来你的车一定陪了你很多年，如果它已经累了，你一点也不能责怪它。我们来研究一下这辆忠心的老仆人可以折换或多少钱吧。"

你看，乔·吉拉德这么一说，既道出了车辆的真实情况，也让顾客听了之后感到十分舒服。同样的情况，换一种表达方式，既能体现出销售员的诚实，也能赢得顾客的好感，最重要的是，还能为自己带来收益，这真是一举三得。

所以，对于销售员来说，说实话还是说善意的谎言，我们要根据实际情况来确定。该说实话的时候，绝不说谎话，即使遇到自己不明白、不了解的问题，也不能为了促成购买，而故意对顾客编造一些谎话。

乔·吉拉德刚进入销售行业时，对汽车方面的知识知之甚少，当遇到顾客提到一些他不明白的问题时，他从来不会随便回答。譬如，顾客说到一个不需要回答关于汽车的问题时，而这也正是乔·吉拉德所不知道的，这时候他就会说："您懂得真多！"从而避开这个话题。但如果顾客提出的问题有必要回答的时候，乔·吉拉德会以最快的速度查阅资料，然后给顾客答复。如果资料上没有，他会请一位技师来回答，一直到顾客满意为止。

销售员的目的在于将产品销售给顾客，为了达成这个目的，销售员可以在不损害顾客利益的情况下，说一些善意的谎言；但如果仅仅是为了促成交易，过分夸大产品的功能，说一些不符实际的谎言，哄骗顾客购买，这样的行为无异于自毁前程。

当然，在遵循以上销售原则的前提下，销售员最应该做的就是，大胆细心，释放自己，灵活多变地适应不同的销售场合，做一个诚实的销售员。

掩盖产品缺点就是掩耳盗铃

在销售过程中，每个销售员都希望自己的每笔生意都可以成交，所以一旦遇上产品有某些缺点，他们就会想尽办法来掩盖这一缺点，因为他们担心顾客一旦知道了产品的缺点，就会失去购买的欲望。

实际上，这种销售行为不仅有欺瞒顾客的嫌疑，也是掩耳盗铃之举。那么，遇到产品有瑕疵的时候，销售员该怎么做，才能在不说谎的情况下，让顾客选择购买呢？

正确答案是，以适当的方式将产品的缺点告之顾客，因为唯有坦诚才能赢得顾客的理解。对于顾客来说，他们宁愿当时知道产品哪里有缺点，也不愿事后发现而感觉自己上当受骗。虽然向顾客坦诚产品缺点有可能会导致交易失败，但至少销售员会给顾客留下一个诚实的印象。

因此，在顾客面前是没有必要隐瞒产品的缺点的，销售员与其费尽心思地去隐瞒，倒不如实话实说。产品存在缺陷是正常的事情，但是销售员加以隐瞒和蒙骗就是有违职业道德的事情了。再者，顾客也不一定苛求到非要我们的产品无一缺憾时才做出购买决定，只要让对方感到产品的优点压倒缺点时，他就会欣然接受我们的产品。

所以，销售员不必再为产品存在缺陷而苦恼。美国著名销售专家约翰·温克勒尔在他的《讨价还价的技巧》一书中指出："如果顾客在价格上要挟你，就和他们谈质量；如果对方在质量上苛求你，就和他们谈服务；如果对方在服务上挑剔，就和他们谈条件；如果对方在条件上逼迫你，就和他们谈价格。"

约翰·温克勒尔的这席话无形中给销售员提了醒。乔·吉拉德也一再告诫销售员，不要在顾客面前说谎话，那将给我们带来不可挽回的损失。他这样说并不是毫无根据，而是因为他曾经得到过这样的教训。

乔·吉拉德刚刚进入销售行业的时候，为了增强自己的竞争力，在一次向一位银行行长推销汽车的时候，他夸大了汽车的性能，从而误导了银行行长。事后，银行行长发现乔·吉拉德说了谎话，因此，乔·吉拉德失去了这位银行行长以及他能够带给乔·吉拉德的潜在顾客。

这件事情给乔·吉拉德带来的教训让他至今难忘，从那以后，他都会诚实地告诉顾客关于汽车的一切真实情况。因为他明白了，任何人都难以容忍他人欺骗自己，尤其是花钱来买产品的顾客，一旦自己的利益受到了损害，他们往往会进行反击，不但会宣布此次交易告终，而且今后也不会再与我们做交易。

这样的例子在销售中屡见不鲜，一个家具销售员也因犯过类似的错误，最终导致交易失败。一天，这个家具销售员接待了一位意欲购买一张真皮沙发的顾客。

经过简单的交谈，销售员将顾客带到一张做工精致的真皮沙发面前。顾客对这张沙发很是喜欢，不管是款式，还是舒适程度，都让顾客非常满意，更重要的是它的价格比顾客的预算要便宜一倍，这简直让顾客不敢相信。

当顾客向销售员询问这张沙发为何这么便宜的时候，销售员的解释是，这款沙发的价格是拍卖价格。顾客听了之后，还是有些不放心地再次求证这是否是真皮沙发，销售员再三保证绝对是真皮。

得到销售员的明确肯定之后，顾客十分爽快地答应买下这款沙发。此时，顾客又想到如果再为沙发配上一张咖啡桌，岂不是更完美？销售员得知顾客萌生了购买咖啡桌的想法之后，便带他去另一个区域看咖啡桌。

途中，顾客看到一款和决定购买的款式一样的沙发，他试坐了一下，感觉比之前那款沙发更舒服，但是价格却是前者的两倍。同样是真皮沙发，为何价格相差这么多？顾客向销售员提出了自己的疑问，并要求他做出解释。

这时，销售员变得有些不知所措，完全没有之前的口若悬河，吞吞吐吐解释了半天。原来，顾客看到的第一款沙发，除了坐垫是真皮之外，其它部分皆是合成皮。

尽管销售员一再强调绝对不会影响使用，但顾客感觉自己上了当，态度坚决地拒绝了购买。最后，这个销售员不但没有把沙发卖出去，还丢掉了咖啡桌的生意。如果在最开始的时候，他就坦诚地将两款沙发的情况告诉顾客，让顾客自己做出选择，想必最后就不会出现这种情况了。

销售中，顾客提出异议是难免的，但是销售员如果在这个时候有矢口否认、设法抵赖等不诚实的做法，一旦被顾客察觉，交易就会随之失败。因此，当顾客指出产品的不足之处时，要大胆承认事实，不必躲躲闪闪。因为产品不可能十全十美，也不可能完全满足顾客的要求，销售宣传总有疏忽或欠妥的地方。

当顾客得知真实的情况之后，多数都会表示理解，而且也容易对销售员产生好感和信赖，这反而有利于达成交易。

真心与顾客交朋友

作为销售员，我们都有三五好友、知己，我们会把自己的快乐与他们分享，也会把自己的烦恼向他们倾诉。不论怎样，对方都会因为我们的坦诚而感到高兴，他们会觉得，我们是出于信任才愿意和他们分享或者倾诉的。

人与人之间的友情就是这样建立起来的，不论彼此谁遇到困难，互相信任会使得其中一方竭尽所能为对方提供一切帮助。如果销售员能将和朋友互动的真心拿出来，放在与顾客沟通交往上，那么结果不言自明，我们最终的收获将会是巨大的。

乔·吉拉德对所有顾客均一视同仁，他对每一位顾客都真诚、热情。他会在自己的办公室里准备香烟、酒，甚至是孩童的零食和玩具，为的就是以朋友的身份来招待每一位顾客。

尽管乔·吉拉德本人也承认，他的这种行为有"表演"的成分。但人生在世，哪个人不是"演员"呢？况且，他在每场销售"表演"中，确实是真心付出。这一点，顾客是能够深切感受到的。

每当有顾客带小孩子来看车，乔·吉拉德就会把顾客的孩子当成自己的孩子一样，和他说话，甚至愿意趴在地毯上和他一块玩耍。这不是每一个销售员都能够做到的事情，其他的销售员只会象征性地对顾客的孩子进行称赞，而这只是为了拿到他们的订单。

乔·吉拉德通过"趴"这一动作，无形中打破了与顾客之间的陌生和距离，会让每一位带孩子来的顾客深受感动，他们会认为乔·吉拉德是真心和他们交朋友。结果，乔·吉拉德的主动坦诚，不仅赢得了顾客的友谊，而且也成为拿下了订单。

很多时候，销售员在顾客眼中，都是一副凛然不可侵犯的样子。他们时刻与顾客保持着一定距离，很少主动积极地与顾客聊天。这样做的结果就是，销售员与顾客的沟通始终处于不明晰的状态，导致销售员很难弄明白顾客的真正需求，顾客也不容易从销售员那里得知关于产品的全部信息。

对此，乔·吉拉德指出，销售员一定要主动和顾客聊天，因为这不仅能使销售员与顾客之间的关系"破冰"，而且能快速地与顾客建立友情。日本的销售大师原一平就曾用这种方法赢得了顾客的友谊。

一次，保险销售员原一平偶然听朋友提起一位建筑公司的老板，这位老板实力非常雄厚，原一平便想与其达成合作关系。于是，在朋友的介绍下，原一平去拜访了这位建筑公司老板。

没想到的是，这位建筑公司的老板虽然很年轻，但是为人高傲，并没有把原一平放在眼里，十分直截了当地告诉原一平，他已经在另一家保险公司投了保。然而他的态度并没有让原一平退却，原一平见他如此年轻就已经成为建筑公司的老板，猜想在他身上一定有着很精彩的故事。

于是，原一平问道："先生，请允许我问一个问题。请问您是如何让自己这么成功的？"这位老板显然没有料到原一平会提出这样的问题，问道："你想知道些什么呢？"

原一平很诚恳地问："我想知道您当初是怎样投身于建筑行业的？"

看到原一平谦虚求教的态度，这位老板不禁被感染了，于是，在接下来的3个小时里，他把自己艰难的创业史，以及在这其中遇到的所有困难和挫折，都讲给了原一平听。每当这位老板回忆起过去的心酸时，原一平总是不失时机地用宽慰的语气对他说："没事了，一切都过去了。"

一直到这位老板的秘书走进来让他签署一份文件，他才意识到自己不知不觉中对原一平说了很多。秘书走后，这位老板对原一平说："真奇怪，我怎么会对你说这么多关于我自己的事情。你要知道，这些事情，连我的妻子都不知道。"此时，这位老板已经对原一平产生了信任，便问他："你需要我做些什么呢？"

原一平回答说："我不需要您为我做什么。我只想再问您几个问题。"

这位老板原以为原一平会再次提出让自己购买保险的事情，没想到他还有问题要问。好奇之下，这位老板便说："那你有什么问题，尽管问吧。"

原一平便问了一些关于建筑方面的知识，此外，还问了关于建筑公司将来的发展目标和计划。了解到这些之后，原一平便告辞了。

两个星期后，原一平再次拜访了这位老板，还带来了一份根据建筑公司发展目标制定的保险计划书。这一次，这位老板对原一平的态度截然不同，他热情地接待了原一平，并认真地看完了原一平做的计划书。看过之后，他深深地被原一平的计划书打动了，最后决定投100万日元的人寿保险。这一次，原一平不仅仅收获了业绩，也得到了这位老板的友谊。

不论是乔·吉拉德陪小孩趴着玩耍，还是原一平主动并真诚地与顾客聊天，他们这么做的最终目的，都是用真诚赢得顾客的友谊。只要主动付出真心，顾客往往都会被打动。因此，乔·吉拉德建议每一位销售员都要这样去做，和自己顾客真心地交朋友。

第一，要像对待自己那样去对待顾客。销售员和顾客之间的友情主要是建立在利益的基础上的，这种友情是一种合作。在这种关系中，销售员首先要有一个原则，即你怎样对待自己，就怎样对待自己的顾客。只有站在顾客的角度去为他们考虑利弊，他们才会接纳我们。

第二，在和顾客交谈时，销售员要始终充满热情。说话时不能冷冰冰，更不能一副高高在上的样子，这样无形中就会与顾客产生距离感。如果顾客说错了话，不要急于去纠正，也不要去反驳，这样只会让顾客感到尴尬。如果是一些无伤大雅的失误，我们大可一笑而过，即使是原则性错误，我们指出时，说话方式也要尽量委婉一些。

第三，销售员可以与顾客交朋友，但请不要忘记，不能和顾客成为关系十分密切的朋友，那样将会给销售活动形成一定的阻力。因此，在和顾客经常保持联系的基础上，和顾客保持适当的距离，这样才不会在交易中失去原则。

第四，在顾客面前展示自己良好的人品。每个人都喜欢和人品好的人打交道，因此，一定要给顾客留下品行端正的印象。不能怠慢顾客，在讲求自己原则的同时要考虑到顾客的感受，但是对于顾客的怠慢我们不要放在心上。做事情要胆大心细，有自己独到的见解，但绝不偏激。

第五，保持耐心。不是所有的顾客都容易接触，尤其一些性格比较乖张的顾客，与他们接触需要多花些心思，多一点耐心。

第六，保持清醒的头脑。在销售活动中，销售员为了从顾客那里得到利益，会对顾客进行一些夸赞，甚至是吹捧；同样，有时候顾客为了从我们这里得到他们想要的好处，也会对我们进行一番赞赏。这时候，就需要销售员保持清醒的头脑，不要在顾客的赞赏中丧失原则，从而丢掉自己的利益。

不论销售员销售什么产品，最重要的是，要对顾客付出真心。只要付出真心，顾客都是慢慢能感受到的，即使他们这次因为各种原因没有购买我们的产品，但至少会对我们产生可信赖的印象，只要有机会，下一次他们一定会购买我们的产品。这对销售员来说，才是最重要的。

兑现你的承诺

如果真诚是缩短销售员与顾客之间距离的方式，那么兑现承诺就能与顾客达成良好的后期合作关系。然而，现实是，很多人对于承诺不慎重，往往为了解决当下问题而信口许诺，结果常常因无法兑现承诺而失去别人的信任。

试想，如果别人经常对我们承诺很多，却迟迟不去兑现，我们会有什么感受？我们会失望，慢慢地不再会信任对方。所以，对于销售员来说，除了用真诚打动顾客之外，还要按时兑现承诺，这样才能让顾客满意。只有让顾客满意，我们才能与其有进一步的发展可能。

乔·吉拉德从小就意识到兑现承诺的重要性，也因此得到过很多快乐。小时候，乔·吉拉德很喜欢吃一种小饼干。母亲答应他，只要到假期的时候，都会给他做一次饼干。尽管他不会在假期里记得这件事情，但只要一到假期，母亲从不会食言。

这个关于兑现承诺的美好记忆，让乔·吉拉德记忆非常深刻，一直到参加工作多年，他都没有忘记。有一次，他和妻子聊天的时候，回忆起童年吃小饼干时的美味，说他至今都记得那个味道。妻子微笑着说："我来帮你做做看。"

乔·吉拉德也就是随口一说，他以为妻子也只是随口承诺，并没有把这件事情放在心上。可是，一个星期后，当他下班走进家门后，他突然闻到了熟悉的味道。这让他感到异常兴奋，嗅觉的记忆，在一瞬间好像让他回到了童年时代。

正是乔·吉拉德身边的人一直对他信守承诺，所以在他成为销售员之后，他才能一直对顾客信守承诺。每一个给乔·吉拉德介绍生意的"生意介绍人"，都能够得到乔·吉拉德的感谢费。关于介绍人的介绍费，乔·吉拉德给自己定了一个严格的规矩，就是马上付清，绝不会拖着不付。他从来不会打这笔钱的主意，更不会试图找个理由把这笔钱省下来。

很多次，当有顾客拿着介绍人给自己的名片来找乔·吉拉德买车时，乔·吉拉德发现名片的背面没有签介绍人的名字，而买车的人也没有告诉他是谁介绍自己来的。事后，介绍人打来电话问他为什么没有寄钱给自己，乔·吉拉德就会回答说："因为您没有在名片的背面写上您的名字，而买车的人也没有告诉我。现在我知道您是谁了，请您下午就过来拿钱吧。下次记得写上您的名字，这样我才能早点付钱给您。"

乔·吉拉德向大家承诺每介绍一个人来买车，他就会付给介绍人25美元作为报酬，就等于是向大家作出了承诺。如果最后他没有兑现承诺，那么他就是一个说谎者，以后必然不会有人为他介绍买车的顾客。

当然也有人会钻这样的"空子"，以介绍人的名义来拿佣金，这样乔·吉拉德就会损失25美元。事后，乔·吉拉德当然会发现自己被骗，但以后还会如此。因为在他看来，这样钻"空子"的人毕竟不多，损失也在他的承受范围之内，更重要的是，这25美元还可以替他赢得一个好人缘。

因此，乔·吉拉德告诫每一个销售员，如果我们想要成功地向别人销售自己，就永远不能违背自己的诺言。信守承诺的人都会重视自己承诺，他们要不不许诺，一旦许诺之后，就一定会兑现承诺。越是这样的人，越容易获得成功。反之，一个随意承诺却又无法兑现的人，是很难取得成功的。

乔·吉拉德认识一个名叫亚历克斯的年轻人，他在一家汽车经销商的服务部门工作，他的职责是在客户把车开来保养时，填写维修订单。这项看似十分简单的工作，亚历克斯却做不好，原因就在于他是一个总是随便夸口的人。

譬如，梅森先生把车开来维修，他会说："您的车子在4点钟以前就可以修好。"或是"如果有什么问题我会打电话给您。"然而，他仅仅是说说罢了。现实的情况是，梅森先生来取车时，发现车子还没有修好。更严重的问题是，明知道车子没有修好，亚历克斯却没有及时通知顾客。

这样的情况出现的次数多了，他就遭到了顾客的质疑，继而对他服务的部门也失去了信心。懊恼的亚历克斯遇见乔·吉拉德后，沮丧地说他估计要被"炒鱿鱼"了，为此很担心。

有多年销售经验的乔·吉拉德便为他分析为何会出现这样的结果，并告诉他在以后的工作中该怎么去做。

首先，对于自己许下的承诺，无论如何，不管付出什么代价都要准时兑现。

其次，在许下承诺之前，要先想一想，自己是否能够做到。

在之后的一个月中，亚历克斯一直按照乔·吉拉德的方法去做。结果他感到很快乐，也不再面临失业的危险，而且每一位顾客都认为他"真诚"。

乔·吉拉德告诉亚历克斯的方法，也是在告诉我们，应该怎样去许诺，许诺之后应该怎样做。如果我们还没有达到乔·吉拉德的要求，那么就按照这两点来做吧。之后，我们会发现，我们避免了不能兑现承诺的尴尬，不必再为没有信守承诺而道歉或是找借口，我们在顾客的眼中也成为绝对真诚的销售员。

对于销售员来说，承诺就是契约，而履行契约是我们的义务。假如我们无法履行承诺，必须要及时向顾客解释，让顾客知道我们不能履行的真正原因，并请求顾客的原谅。这样我们就不会因没有履行承诺而遭到顾客的非议。最糟糕的就是，我们既不能够履行诺言，又没有给客户合理的解释，那样就会使我们的诚信度大打折扣。

信守承诺，有时候比登一座高山还困难，但是只要我们做到了，我们就会赢得顾客的信赖与称赞。因此，答应顾客的事情就一定要兑现，这不仅是促成交易的有效方法，也是一名优秀的销售员所必须具备的基本素质和职业道德。

展示公司的良好信誉

公司是每一个销售员的发展平台，销售员的发展是离不开公司的支持的。没有一个强有力的公司在销售员的背后做"后盾"，销售员是很难得到顾客的认可的。

在销售活动中，销售自己是最重要的，但是乔·吉拉德还提醒我们，不要忘记销售自己的公司。从辩证关系上看，公司和销售员之间的关系是相辅相成的，公司的信誉离不开销售员的维护；销售员的信誉也需要公司的信誉的支撑。如果只有销售员讲信誉，而没有公司的信誉做支撑，就无法取得顾客100%的信任；同样，如果销售员没有信誉可言，公司的信誉也会因为销售员而遭到损失。

因此，在销售过程中，销售员在销售自己、展示自己信誉的同时，也要销售公司，展示公司的信誉，这样才能够充分得到顾客的信任。销售员每做一笔生意都是一个广告，代表着公司的整体信誉。因此，销售员是否在顾客面前信守承诺，关系到的不仅仅是个人的声誉，更会影响到公司的信誉。

销售员是公司中最早与顾客接触的，也是和顾客相处时间最长的，因此，销售员的一言一行都会影响顾客对公司的印象。尤其是在顾客对公司并不是十分了解的时候，若是销售员在顾客面前失了信誉，那么即便是公司的信誉再好，也很难再向顾客证明。

因此，销售员一定要明白自己所肩负的责任，要通过自己为公司塑造良好的形象，一个优秀的销售员，往往能够通过自己的能力让公司的业绩持续增长。

另一方面，公司的良好信誉可以助销售员一臂之力。如果销售员所在的公司在顾客心中已经建立了良好的信誉，那么销售员几乎不用怎么费力就能赢得顾客的信任。对于一些名气比较大的公司，顾客也许并不熟悉销售员这个小角色，但是对于其公司的赫赫大名却早有耳闻。因此，即便是销售员本人得不到顾客的信任，但是因为有公司做支撑，顾客也会考虑购买我们的产品。

可见，对于顾客来说，公司良好的信誉往往能够消除他们对销售员的怀疑，这对于我们的销售活动来说，就等于扫清了一大障碍。通常在顾客的认知里，名声显赫的大公司为了维护自身的信誉，都会聘用高素质的销售员，如国际商用机器公司、美林集团、通用电力公司、通用汽车公司等等。因此，当我们在展示公司的良好信誉时，其实也是在为我们自己做销售。

然而，有的销售员就职的公司只是名不见经传的小公司，当他们说出自己的公司名字时，顾客的反应通常都是表示自己没有听说过。这时候，不管是公司的信誉，还是自己的信誉，都要依靠销售员自己来塑造，也许我们还能依靠自己的技巧和绝招，使我们的公司名声大噪。这也是乔·吉拉德经常做的事情。

在许许多多的顾客中，总有一些顾客在接触我们之前，是没有和公司中的任何人打过交道的。这时候，展示公司的信誉就需要靠我们一个人来完成。有不少顾客曾向乔·吉拉德打听他们公司的情况，这时候，乔·吉拉德总是不遗余力地将公司的种种优点讲给顾客听。

乔·吉拉德认为，不设法向顾客展示你所在公司的优势和信誉，是一个销售策略上的错误。很多销售员都会在不同程度上对自己的公司有所抱怨，这样的心态导致了他们在对公司的信任上大打折扣，因此，在介绍自己的公司的时候，他们就会有所犹豫，心里没底。事实上，只要我们严守职业操守，不做对产品、对公司不正确的描述，并且对顾客的提问处理得当，顾客就会愿意配合我们的销售活动。

总之，为了使我们能够得到顾客的信任，为了使我们的公司发展得越来越好，我们就要在顾客的心中为公司树立起良好的信誉。这将为我们今后的工作铺平道路，实现双赢。

第7章

突破异议

——牢牢掌握销售的主动权

被拒绝是销售的开始

"考虑考虑"不等于拒绝

听懂顾客异议背后的潜台词

不要与顾客争辩

让顾客无法拒绝

巧妙化解顾客拒绝理由

化解顾客的价格异议

被拒绝是销售的开始

每个销售员都有被拒绝的经历，每个销售员对待拒绝的态度也各有不同，有的认为被拒绝就等于失败；有的被拒绝之后对自己失去了信心；也有的习惯了拒绝，不会紧盯一个顾客，而是转而去寻找下一个顾客。

不论对待拒绝的态度如何，这都是销售员所必须经历的。在任何销售活动中，销售员都可能会遭遇来自顾客的不同意见。作为世界顶级销售员的乔·吉拉德，他和所有的销售员一样，也经常遭到顾客的拒绝。但是，被顾客拒绝了，销售难道就结束了吗？乔·吉拉德对此的回答是："不是的，真正的销售才刚刚开始。"

一般情况下，销售员在销售过程中，一旦遭到顾客的拒绝，立马心灰意冷，从而主动放弃这笔生意。但是对于优秀的销售员来说，他首先会分析顾客拒绝的原因是什么，是产品没有满足顾客的需求，还是自己的服务没有做好。分析之后，他会改变销售策略，重新向顾客销售。

　　这就是优秀销售员成功的原因之一，他懂得坚持，而这样的人日后注定会成就一番事业。乔·吉拉德认为，坚持是成功的最大秘诀。就好像拳击比赛，没有哪个选手能够一拳就将对方击倒，都需要连续不断地重击，才能打倒对方。同样，在销售中，一项较大的销售活动，通常需要销售员与顾客进行5次以上的谈判才能成功。

　　销售员如果遭到一次失败，就心生抱怨，从而不思进取，开始混日子，那么他最终只能处于销售行业中的底层。要想求取大量财富，如果缺乏坚持，显然是很难达到的。

　　乔·吉拉德也曾经因为缺乏坚持，从而错失了一次发财的机会。当时，美国掀起一股淘金热，乔·吉拉德的伯父只身前往淘金的地方，买了一块地开始挖，结果真的挖到了黄金。但当时苦于没有采矿机器，乔·吉拉德的伯父便将黄金重新掩埋，然后回到家乡筹措资金购买机器。

　　当时乔·吉拉德没有工作，伯父便邀请他一起淘金。乔·吉拉德一听伯父的金矿矿资源丰富，也动了心，便跟随伯父一起淘金。

　　刚开始，他们确实挖到了不少金子，但是好景不长，当他们用卖金子的钱快把债务还清的时候，突然发现再也挖不到黄金了。他们有些慌张，继续进行挖掘。经过几天漫无目的的挖掘，还是没能发现黄金。

　　他们的心情一下子跌落谷底，觉得这块地不会再挖出黄金了，于是决定放弃。他们把新买的机器和金矿转手卖了出去。

　　新矿主接手后，没有像乔·吉拉德和其伯父一样开始疯狂挖掘，而是花了一大笔钱，请专业人士来重新探矿。结果发现，金矿并非没有黄金了，而是遇到了"断层线"。在这断层线下的3英尺，就是大量的黄金。

　　因为乔·吉拉德和他的伯父的主动放弃，最终他们与这笔财富无缘了。

这个惨痛的教训让乔·吉拉德一直记忆犹新，从那时起，他明白了坚持的重要性。当遇到一件需要坚持的事情，他会想尽一切办法来论证这件事情是否有坚持的意义，如果有，那么他无论如何都不会放弃，他会坚持到底，直至成功。

后来，乔·吉拉德把这个宝贵的经验应用到了销售中。每次约见不同顾客之前，乔·吉拉德都会事先在脑海中演练被顾客拒绝的场景，然后思考说服他们的话术。等正式见面之后，如果遭到顾客的拒绝，如果事先准备的说服话术没有生效的话，那么也能够为他赢取再次思考说服顾客理由的时间。

作为销售员，我们不妨像乔·吉拉德一样，提前演练应对顾客拒绝的措施。当然，如果成交顺利的话，这些措施可能完全用不上，但我们无法保证能与每个顾客都达成交易。所以，提前做好准备，我们就能够坦然面对顾客的拒绝，不仅不会产生挫败感，反而会通过顾客的拒绝，了解到对方不愿意购买我们产品的原因，在下一次销售中，我们就能有效避免这种情况的发生。

由此可见，被拒绝并不是一件坏事，因此，每个销售员都要摆正自己的心态，善于通过各种方法来克服拒绝造成的负面情绪。

首先，销售员要坚信所销售产品是物有所值的。很多销售员当自己所销售的产品遭到顾客拒绝后，就会对产品的价值产生怀疑。这就相当于，当别人拒绝我们的时候，我们就开始对自己的能力产生怀疑一样。这样做导致的结果是，下次向别人销售产品的时候，我们底气不足，眼光游离，甚至没有勇气和顾客对视。这样一来，即使有购买意向的顾客，看到销售员的这番表现，也会开始犹豫是否购买。

其次，在销售过程中，销售员要始终认识到，不论我们为顾客提供什么服务，销售什么产品，目的都是为了满足顾客的需求，帮助顾客解决问题。销售员与顾客之间是供应关系，所以我们赚取佣金是天经地义之事。销售员如果能一直保持这种心态，那么不管面对任何顾客，他都会从容大方。

最后，不去在意顾客的拒绝。很多销售员在被顾客拒绝之后，都会情绪低落，认为顾客不想再次见到自己。之所以会产生这样的心理，是因为销售员每天需要面对大量顾客，当遭到其中一部分顾客的拒绝之后，就会下意识地不断给自己"顾客不想再见我们"的心理暗示。而对于某个拒绝我们的顾客来说，他可能还要对比其他产品，或者我们的产品没有满足他们的需求。所以，顾客的拒绝连顾客自己都没放在心上，作为销售员又何必在意呢？

在销售过程中，销售员会遭到很多次拒绝，这是非常正常的现象。更重要的是，不是我们听到了多少个"不"，而是我们听到了多少个"是"。失败多少次是不重要的，重要的是我们是否采取行动去说服那个"不"字。

乔·吉拉德说："销售员绝不该把顾客的拒绝当成这笔生意无法成交。我希望你储存一些成交法，因为如果第一次不成功，你还可以再试一次，直到最后你做成这笔交易为止。"

这也确实是乔·吉拉德获得成功的诀窍之一，当他被拒绝7次以后，他就开始想，或许顾客没打算要买，但他还要再试3次。

企业家冯仑曾说："伟大是熬出来的。"对于销售员来说，要想做出一番令人刮目相看的业绩，首先要学会在销售中坚持，与眼前的一切阻挡物"死磕"到底。在这个过程中，我们或许会头破血流，但只要能够"熬"下去，那么终有一天，我们会看到自己想看到的风景。

"考虑考虑" 不等于拒绝

很多销售员在做完产品介绍后，可能会经常遇到顾客"我再考虑考虑"的回答。一旦出现这种情况，销售员就会觉得非常尴尬，认为这是顾客变相的拒绝，已经没有再继续销售的必要了。

其实不然，多数情况下，顾客口中的考虑，其实是很大程度的拖延，而不是真正的拒绝。当顾客说"我会考虑的"、"我不会立刻做决定"、"给我点时间，让我再想想"之类不确定的回答时，往往包含以下几种意思：

我现在没有足够的钱。

我想去别的地方看看有没有更好的产品。

我不能完全相信你的介绍。

我说了不算，得征求丈夫（妻子）的意见。

你们公司的信誉不可靠。

我不喜欢你这个人。

……

不论顾客出于什么原因犹豫是否购买产品，但有一点可以肯定的是，多数顾客都是有购买欲望才来选购产品的。所以，对于销售员来说，还是有成交的机会的。先让我们看看乔·吉拉德如何处理顾客需要考虑的问题的。

一次，一对夫妇来乔·吉拉德的店里选购新车，经过一番试驾，顾客表示他们需要考虑考虑。乔·吉拉德没有继续进行劝说，而是说：

"实在是太有趣了，我感觉我和我的妻子和你们两位非常相似。"

顾客听到这话，十分好奇地问："真的吗？哪里比较像？"

乔·吉拉德回答说："我们也喜欢一起做决定，我们喜欢讨论过后一起做决定的感觉。我非常喜欢二位，但是我从来不会给我的顾客压力。如果我的顾客感觉自己被逼迫着签单，或者当他们走出我的店铺时心情低落，那么我宁愿不做这笔生意。我先出去一会儿，您二位可以在这里慢慢地考虑讨论。我就在隔壁办公室，如果你们有任何需要，就来叫我。不要着急，慢慢商量。"

夫妇二人听了这番话之后，感觉十分轻松，觉得乔·吉拉德是一个通情达理的销售员。但是乔·吉拉德知道，他们所说的考虑指的是几天，而不是仅仅几分钟。所以，他给他们留了10分钟的商量时间。

等时间差不多的时候，乔·吉拉德推门进去，兴奋地告诉这对夫妇："你们真是太幸运了！我刚刚得到通知，我们的服务部门已经将车准备好了，下午就可以提货！这种情况还真是少见，以往顾客要提车，非得等上几个月不可。看来您二位和这辆车非常有缘！"

一般来说，很多顾客购买某件产品的时候，都会有货比三家的心理，如果没有这个过程，他们是不甘心在首选某一家店购买的，原因很简单，无非是担心价格昂贵。在这个时候，销售员就得像乔·吉拉德一样，用其他快捷服务来打动顾客。

众所周知，在汽车销售行业中，顾客要想实现当天购买就能提车的愿望，不太容易，总要等几天、几个星期，甚至是几个月。乔·吉拉德深知，很多顾客都不想等待，即便是几天，他们也很难忍受。所以，当顾客说考虑的时候，乔·吉拉德就明白，当天提车就能立马结束顾客的犹豫，从而促成一笔生意。

当然，对于销售员来说，乔·吉拉德的应对方案并不适用于所有的顾客，但是他的思维却能够带给我们不少有益的思考。所以，面对顾客说要考虑考虑的时候，销售员可以用以下几点实现进一步销售。

一、赞同顾客的说法

首先赞同顾客的说法，并面带微笑说："那很好，××先生/女士，看来您很感兴趣，不然也不会花费时间去考虑的，对吧？"有时候，反问能够有效地提醒顾客不必再拖延。与此同时，销售员还要对比竞争对手产品的价格、质量，以向顾客证明，我们所销售的产品是性价比最高的，这样才能达到"临门一脚"的效果，促成交易。

二、确定顾客的经济实力

如果顾客表示愿意购买，那么表明产品价格在他能够承受的范围之内。但如果顾客表示要"考虑"，那就有可能是以他目前的经济能力，无法承担购买产品的费用。此时，销售员就要想办法解决顾客的经济问题，比如说服顾客分期付款。只有先把经济问题解决，最后才能促成交易。

三、弄清楚顾客考虑的原因

如果顾客表示考虑的时候，销售员就要引导顾客说出他们真正的考虑原因。当然，要想引导成功，并非易事，下面我们就通过具体的事例来演示一下销售员该怎么做。

假如销售员向一位女士进行完空调的销售展示之后，她虽然表示认可，但是迟迟不肯做出购买的决定，始终说自己想要再考虑一下。这时，如果销售员说："这款空调真的很适合您，还考虑什么呢？"这样的回答带有咄咄逼人的意味，容易让顾客产生逆反心理。

如果换成"这款空调的性价比真的很高，您就不用再考虑了。"这样的说法也不合适，因为语气里有训导的意味，也没有任何说服力。

或者换成"那好吧，欢迎您回家考虑好了再来。"这样的回应也十分不妥，因为这个回应既没有体现出销售员已经尽力，还有"驱逐"客户离开的感觉。一旦销售员把这句话说出去，那么顾客只有选择尴尬地离开。

面对这种情况，以上三种回应显然都不合适。作为销售员，应该站在顾客的立场上，去解决顾客需要考虑的问题。

比如，销售员可以这样说："您可以考虑一下，毕竟买一台空调也是一笔不小的开销，考虑一下是可以理解的。或者您可以回家和丈夫商量一下，这样以后也不会后悔。这样吧，您也看了半天了，想必也累了，要不先坐下休息一会儿，我再给您介绍几种不同款式的空调，好让您多一些选择。"

销售员这样说，首先认同了顾客需要考虑的说法的合理性，能够争取到顾客的心理支持。其次，又能以此为理由，顺理成章地为顾客介绍其他几款空调，从而延长顾客的留店时间，为销售员了解顾客需要考虑的真正原因争取到了足够的时间，并为双方之间建立信任打下了基础。

销售员也可以通过询问顾客对产品不满意之处，帮助其消除顾虑。比如，销售员可以这样说："我也能够看出来，您确实挺喜欢这款空调。可您说想再考虑一下，当然这种想法我可以理解。只是我可能有说明不到位的地方，所以如果可以的话，您不妨说说主要考虑的是什么呢？"

销售员说这些话的时候，要始终面带微笑，并适当停顿，以引导顾客说出自己的顾虑。当顾客说出一部分原因后，销售员可继续追问："除了这个问题之外，您还有其他原因导致您不能现在做出决定吗？"如果顾客表示仍然有顾虑，那么销售员就继续解决，一直到彻底解决为止，然后说："我不知道对于您关心的问题，我是否解释清楚了？"如果顾客表示自己十分清楚了，销售员就可以借机说："那好，您的送货地址是哪里？我们将在两小时之内给您送到。"

顾客之所以表示要考虑，最大的原因在于销售员没有说服他们。所以，销售员在处理此类问题时，就要在最短时间内克服顾客考虑的各种障碍，只有如此，才能真正促使顾客选择购买。

听懂顾客异议背后的潜台词

在销售中，每个销售员都遭遇过顾客"我没有兴趣"之类的异议。通常情况下，销售员一致认为，顾客的这种回答表明顾客没有任何购买愿望。其实不然，在乔·吉拉德看来，顾客提出异议往往是希望销售员能够给他们一个购买的理由。

尽管乔·吉拉德也承认，面对一位总是摇头并提出一些诸如"我不喜欢它"之类的负面评价的顾客，要想与其达成生意，是一项高难度销售，但并不意味着没有成交的机会。乔·吉拉德会将顾客的反对意见当成正面信息，也就是说，如果他能够处理顾客的异议，也就等于完成了此项交易。

销售员要明白，顾客是在犹豫是否该购买我们的产品的时候才提出一些异议的，这些异议也并不意味着拒绝购买，而是出于产品是否能够满足他们需求的考虑。所以，销售员要做的是，能够通过顾客的异议，判断出对方的异议是真正的拒绝，还是希望我们给出一个具有说服力的购买理由。如果销售员无法掌握顾客异议背后的潜台词，就会失去很多成交的机会。

比如，顾客常常会说："我并不认为这个东西值这个价格。"这句话的潜台词就是，如果销售员能够证明这件产品绝对物有所值，甚至是物超所值，那么顾客就会购买。

当顾客提出"我觉得这件衣服的尺寸不太适合我"这样的异议时，潜台词就是，希望销售员证明这个尺码正好适合顾客。

当顾客提出"我再到别处看看"这样的异议时，潜台词就是，如果销售员不以顾客心目中的价位成交的话，那么他就要离开了。

当顾客提出"我从来没有听说过这个牌子"这样的异议时，潜台词就是顾客虽然很满意产品，但是不知道产品是否值得信赖，如果销售员能充分证明该产品值得信赖，那么顾客就一定会购买。

通过这些常见的异议，我们不难看出，顾客之所以提出异议，并不完全是因为他们没有购买的意愿，而是担心个人的利益会在购买中遭遇损失。因此，销售员只有弄明白顾客存在异议的真正原因，才能找到解决办法，从而促成交易。

要想弄明白顾客的异议并不容易，销售员该怎么做呢？乔·吉拉德指出，当销售员面对顾客的异议，而找不出真正的原因时，可以用一种愉快的、真诚的、非对抗性的方式来提出自己的问题，以了解到顾客的真实想法。

有的销售员面对顾客的异议时，往往不会进行深入追问，担心会招致顾客反感。其实不然，顾客所提出的异议，都是为了掩盖真正困扰他们的问题。所以，为了抓住这个问题，销售员必须向顾客提问，以"揭露"他们的真正异议。

比如，一位顾客在看过乔·吉拉德介绍的汽车后，说道："我想再考虑考虑。"乔·吉拉德单刀直入地问："我知道这部车对您来说真的非常完美，而且它很有价值，但我心中觉得有些事您在有所回避，我想知道您今天迟迟不下决心的真正原因。"

那位顾客说："没什么，我就是想再考虑考虑。"

"您再考虑什么问题呢？也许我能够帮您解决。现在就咱们两个人，您不妨说说。"乔·吉拉德十分坦诚地说。

"那好吧，我说实话，我觉得这辆汽车的价格超出了我的承受能力。"顾客说。

就这样，在乔·吉拉德不断的追问下，那位顾客终于说出了实情。

在销售中，有一个顾客最难以启齿的异议就是，以他们现在的经济实力还不足以购买销售员的产品。而要顾客承认这一点，会使他们很难为情，这会伤害他们的自尊，所以，他们就会说一些"我再考虑考虑"、"我不喜欢这款产品"、"它不适合我"之类的虚假异议。

所以，乔·吉拉德一旦得知顾客真正的异议之后，那么他就可以为顾客提供价格打折、分期付款等各种解决方案，最终让顾客确信他们还是有能力买一部车的。

当然，最好的情况就是，顾客能在异议中，明确地解释出不愿意购买产品的原因。比如，他可能会说："我还是觉得××公司的产品更好一点，如果产品出现问题，只需要一个电话，就能够立刻得到解决。"

在这样的异议中，顾客就十分明确地道出了他对产品的要求。这时，销售员就可以集中精力，让顾客相信，自己的产品的售后服务并不会比其他公司差。比如，销售员可以这样回答："我们公司设置了24小时售后热线，您的产品只要出现了问题，我们的售后人员就会在3个小时之内帮您解决。"

除了通过异议判断顾客真正的想法之外，销售员还可以通过顾客的肢体动作来了解顾客的想法。有的时候，顾客即便是对产品不满意，也不会直接提出来，但是会通过一些细微的肢体动作来表示自己的不满。

具体如下：

一、对销售展示没有回应

当顾客对销售员的销售展示没有任何反应的时候，这就表示顾客不想和销售员进一步交谈，但是出于礼貌他们不会直接对销售员说："你的介绍就到此为止吧，你所销售的东西我不需要。"

通常情况下，大多数销售员就选择了直接放弃销售。而这样做，只能是白白流失一个顾客。面对顾客的冷淡，销售员不妨保持适当的沉默，以留出时间让顾客考虑几分钟。一般情况下，顾客最后还是会主动与销售员表达自己的想法，销售员便可趁此机会再次进行销售。

如果顾客确实没有再继续交谈下去的倾向，销售员也没有必要失望，可以这样对顾客说："等您什么时候考虑好了，随时都可以过来谈。"这时，销售员一定要和顾客约定好下次见面的时间和地点，这样既给了顾客足够的尊重，也赢得了下次销售的机会。

二、交谈中身体后倾，双手抱胸

当顾客与销售员在交谈的过程中，忽然身体开始后倾，双手抱胸，不再主动接我们的话题，就表示我们现在所说的话题已经引不起顾客的兴趣了。此时，销售员应该立刻改变话题，说一些顾客感兴趣的话题，从而引导顾客继续交谈。在这个过程中，销售员可以这样说："是吗？没想到您对这件事情的见解这么深刻，可以深入解释一下吗？"这样一来，把话语权交给顾客，满足对方的自尊心，对销售成功大有帮助。

三、频繁看时间

当顾客频繁地看时间时，就说明他已经很不耐烦了。这时，销售员要适时停止一切话题，主动询问顾客是否有事情需要处理。当顾客明确表示确实有事时，销售员应主动将对方送出去，并且不要忘记预约下一次面谈。反之，如果顾客表示没有事情，销售员就应该想一想，我们的销售介绍是否有些枯燥，或者没有说到顾客心里。如果有必要，销售员要主动询问顾客，让对方提出问题，我们来回答。

在销售过程中，没有哪个销售员喜欢面对顾客的异议，但销售员如果想做出一番业绩，就必须把顾客的异议当成事业的一部分，正如乔·吉拉德所说："我估算在我整个销售生涯当中，80%的生意至少是在我处理完一个反对意见后才成交的。"

所以，销售员只有鼓足勇气、想尽一切办法去面对顾客的异议，才会成为专业的销售员。

不要与顾客争辩

对于顾客来说，他们在购买某件产品或者某项服务的时候，往往担心自己一旦提出异议，立马就会引起销售员的争论，而争论往往有被强迫购买的意味。乔·吉拉德说："销售员的工作并不是要打胜仗或是打败仗。我曾经看到销售员和顾客陷入争论中，但不管是谁赢得了这场争论，销售都无法达成。永远也不要和顾客争论，因为到最后你会和他陷入敌对的状态。"

与顾客争论永远是销售员的禁忌。一旦产生争论，只能是将顾客逼到墙角，导致成交失败。所以，不管顾客提出了什么样的异议，销售员都要克制自己的情绪，不要和顾客发生争论。有一位顾客这样说过："不要和我争辩，即使我错了，我也不需要一个自作聪明的销售员来告诉我。他或许能够辩赢了，却输掉了这场交易，并且是永远的。"

对于顾客的这一心理，乔·吉拉德十分熟悉。所以，在销售过程中，他从来不与顾客产生正面冲突，而是巧妙地化解顾客的异议。比如，有一次，一位顾客看了许多汽车说出了"我只是随便看看，并不打算买汽车"的话。

面对这样的顾客，乔·吉拉德的一些同事就会立马反击说："你还四处比较什么？你要的车就在我们这里！"这样的话一出口，立马会让顾客陷入尴尬和恼怒之中："买车毕竟不是一件小事情，我难道不能四处比较一下吗？"争论到最后，顾客已经彻底打消了买车的打算，开始为了讨回自己的尊严继续和销售员争论。

而乔·吉拉德遇到这种情况时，绝对不会说有伤顾客自尊的话，他会像朋友一样和顾客聊天。顾客即便不买车也没关系，等到他真正有买车欲望的时候，自然会想到乔·吉拉德。

即便遇到直接提出异议的强势顾客，乔·吉拉德处理得也很艺术。有一次，一位顾客十分明确地告诉乔·吉拉德："如果你想施加压力说服我买车，我会把你从那个大玻璃展示间的窗户丢出去！"

如果换作其他销售员，听到顾客如此说话，必然会恼怒万分，即使忍住不发作，也会对其失去销售的兴趣。乔·吉拉德却这样回应："先生，真的很高兴认识您！您知道，我认为那是一段美好友谊的开始。"幽默的回答立马化解了尴尬，顾客的情绪马上就放松下来，顾客还与乔·吉拉德成为朋友。在接下来的几年里，这位顾客从乔·吉拉德的手里买过9辆汽车。

面对这位脾气火爆的顾客，乔·吉拉德如果没有机智应变，而是与其进行争论，会有什么后果呢？争论到最后，双方很有可能会大打出手。这样一来，最后受到最大损失的还是乔·吉拉德。

所以，对于销售员来说，不要与顾客争论，这样只会让对方更坚信自己没有错，从而造成双方巨大的裂痕。不论争论的结果是赢还是输，对于销售员来说都没有任何好处，因为我们让顾客丢掉了"面子"，他们不会再向我们买任何东西了。

反之，销售员如果能够顺从顾客的意思，用机智化解争论，最后往往能赢得顾客的信任。

乔·吉拉德认识一位保险销售员。有一次，这位销售员去一片麦田里拜访一位正在操作拖拉机的农夫。因为机器轰鸣声音太大，农夫不得不关掉机器，以便能够听清销售员说话。不过，这位农夫脾气比较火爆，因为工作被打断，所以对销售员大发雷霆。

身材高大的农夫从拖拉机上跳下来，走到销售员面前瞪着眼睛说："我对天发誓，如果下次有像你这样心肠坏、长得又瘦又小的销售员再向我销售什么东西，我一定要了他的命。"

销售员毫无畏惧，盯着农夫的眼睛说："先生，在你行动前，最好多买几份保险吧！"

气氛立马变得有些紧张了起来。不过很快，农夫就哈哈大笑说："年轻人，咱们进屋说吧，我想听听你销售的东西。"

进屋后，农夫用力拍了拍销售员的肩膀，对妻子说："亲爱的，这个小家伙认为他可以杀了我！"说完，又爆发出一阵爽朗的大笑。结果，农夫很爽快地从销售员那里购买了保险。

这位销售员用他的机智，不仅化解了顾客的异议，而且赢得了对方的信任，从而取得销售的成功。可见，在面对顾客的异议时，销售员有必要学会机智巧妙地应对。正所谓"兵来将挡，水来土掩"，化解顾客的异议，最好的办法莫过于用机智幽默将争论化解于无形之中。

况且，顾客很多时候提出的异议，是不值得销售员与之进行争论的。

一位顾客去买相机，在专柜看好以后，已经准备付账了。这时，顾客突然对销售员说："你们的产品为什么让×××代言？她除了长相普通之外，说话声音也不够动听！在我看来，应该让××来代言你们的产品。"销售员听后，立即反驳道："您所说的××只是在国内比较有知名度，我们的产品是要打开国际市场的，所以我们挑选的代言人是在国际上比较有知名度的。"顾客听到这样的回答，十分不满，最后双方便因谁更适合担任产品代言人而争论起来了，本应该水到渠成的生意在最后关头泡汤了。

很显然，顾客提出的那位明星，是他所喜欢的，没有人愿意听到自己的偶像遭到别人的贬低，就算这位顾客并不是十分喜欢他所提出的明星，但也同样无法容忍自己的建议遭到销售员的反驳。

面对顾客提出的一些不值得争论的异议时，销售员不妨顺着顾客，给他们一个满意的答复。比如，我们可以这样回复说："您说的明星确实十分适合代言我们的产品。我们已经打算下次请她代言了。"这样回答，既满足了顾客的自尊，又避免再在这个问题上继续纠缠下去。

作为销售员，我们不应该向顾客证明我们的聪明，这样做只会伤害到顾客的自尊。销售员应该做的是，让顾客感到我们是真心实意地为他提供服务，甚至有必要的时候，我们还要肯定顾客的一些观点和见解，哪怕有时候顾客的观点并不客观，永远不要与其争论。要永远记住销售员的终极目的：解决顾客的所有异议，满足对方的自我需求，然后直奔成交的主题。

所以，销售员在销售中遇到顾客的异议时，可以遵循以下几点处理方法：

一、放松情绪，避免紧张

顾客的异议是必然会存在的，因此听到顾客一些过分的异议时，销售员首先要控制好自己的情绪，不可动怒，也不能采取敌对的行为，应该微笑面对顾客，继续了解顾客所提异议的内容和重点。通常可以用这几句话作为开场白："很高兴您能为我们提出建议"，"您的意见非常合理，我们一定会考虑"，等等。

二、异议也要认真听

销售员常常会对顾客所提出的异议表示出不满或厌烦的情绪，这是错误的做法。就算是顾客提出了异议，销售员也要认真倾听，同时对顾客所提的意见，要表现出诚恳聆听的态度。只有给了顾客足够的尊重，顾客才愿意接受销售员提的意见。

三、重复问题，证明了解

必要的时候，销售员可以重述一下顾客的反对意见，并且询问顾客是否正确，并选择反对意见中的若干部分加以赞同。这样做能让顾客感觉到自己的意见受到了重视，进而对销售员产生好感和信任。

总之，销售员应该像乔·吉拉德一样，对顾客提出的意见加以认同，不要与顾客争论。要牢记这一经验：让顾客在琐碎的争论上赢过我们，我们将收获更好的业绩。

让顾客无法拒绝

有时候，尽管销售员对产品做了详细且必要的介绍，但顾客仍然表现出一副犹疑不定的态度，最后他们往往会委婉地拒绝成交。比如，他们会说一些"我想再看看"、"我会好好考虑"、"你给我一张名片，我决定之后给你打电话"之类的话。

在乔·吉拉德看来，顾客之所以会一再拖延成交，是因为他们认为不安全、不保险。如果顾客借口明天才能做决定，那么仅仅是因为他们今天缺乏决策的信心。

造成顾客这样的心理的原因有很多种，乔·吉拉德认为最主要的原因是顾客受到了销售员的影响。如果说热情会传染，那么迟疑的态度也会传染。尤其是在一些缺乏自信的销售员之中，因为对自己、对产品都不能做到绝对的信任，害怕遭到顾客的拒绝，因此，导致他们在与顾客即将成交的时候，变得吞吞吐吐。这种犹豫一旦产生，就会在销售员的眼神、表情以及体态语言中暴露无遗。

虽然有时候销售员会极力掩饰，但还是容易引起一些细心顾客的注意。对于顾客来说，他们是自己金钱的主人，因此对于是否决定购买会保持比较慎重的态度。他们尽管并不清楚销售员为何会有这般表现，也不知道究竟发生了什么事情，但是在潜意识里却捕捉到了这些动摇信号，于是他们开始变得犹豫起来，甚至满腹疑虑地对销售员说："我需要再考虑考虑，有了结果，我会通知你。"

当然，当销售员表现出自信、果断时，同样能够影响顾客的购买决定。作为销售员的我们也曾当过顾客的角色，也会遇到类似的情况，而促使我们决定购买的真正原因和销售员的态度有很大的关系。销售员的表现如果比较果断自信，那么我们也会受其影响，在不知不觉中就决定了购买。

乔·吉拉德在这方面深有体会。他准备去拉斯维加斯度假的时候，一位女性销售员给他留下了深刻印象。

那天，乔·吉拉德走进一家旅行社，随手拿起桌子上的一本夏威夷的宣传册翻看。这时，销售员走上前来问乔·吉拉德："您去过夏威夷吗？"乔·吉拉德开玩笑道："嗯，做梦的时候去过。"销售员听后，又拿了一些图册给乔·吉拉德，并对他说："我想您一定会喜欢的。"说完她还热情洋溢地描绘了夏威夷的一些美丽风景，乔·吉拉德深切地感受到了销售员的热情，最后她还画了一幅画送给乔·吉拉德，上面是乔·吉拉德和他的太太躺在海边的惬意情景。销售员还自信地表示，乔·吉拉德一定会和他太太度过一生中最快乐的时光。

显然，销售员的态度影响了乔·吉拉德，他决定放弃拉斯维加斯，把夏威夷当作度假的地方，并且开始计算去夏威夷度假的费用了。算到最后，乔吉拉德发现此次度假所需费用已经超过了他的预算，于是他变得有些为难起来。

对于乔·吉拉德的犹豫，销售员全都看在眼里，她微笑着问："先生，您上次度假是什么时候的事了？"

乔·吉拉德不好意思地说道："已经是几年前了。"

"哦，那您简直欠您太太太多了。"销售员笑着说："生命太短暂了，像您这样努力工作却不给自己奖励是不行的。再说了，等这次度假结束之后，您会发现您的状态会比之前更好，一定会做出更好的销售成绩。到那个时候，您就会发现，这次度假的费用，不过是您赚取佣金的一个零头罢了。"

销售员的一番话，彻底说服了乔·吉拉德，最后他选择了去夏威夷度假。出了旅行社，他还在奇怪，自己在进去之前从来没有想过要去夏威夷，为什么出来之后，就改变了行程。回忆之前发生的一切，他终于明白了，是那位销售员自信而果断的语言使他最终改变了主意。

由此可见，销售员的销售态度表现好坏与否往往能够左右顾客是否决定购买。要想让顾客无法拒绝，销售员首先要从态度上纠正自己，始终保持自信果断的销售态度，从而影响到顾客。

乔·吉拉德还指出，如果想要促成顾客购买，还要给予顾客帮助。没有顾客希望自己看了诸多产品之后空手而归，他们之所以一无所获最大的原因在于，销售员没能提供他们潜意识里想要的帮助。

比如，一位药剂师了解到，同行里有很多人都用上了新电脑，新电脑里的功能能够很好地把账目和客人的处方统一起来，相比旧电脑的老式系统来说，新电脑不仅节省时间，还大大提高了工作效率。

所以，这位药剂师很急切地想购买一台新电脑，于是他来到电脑公司，希望销售员能够给他做一个详细的销售介绍。然而这位电脑销售员的销售介绍却不尽如人意，以至于介绍结束后，药剂师还是一头雾水，心里不免有些迟疑，最终打消了购买意愿。

所以，对于销售员来说，要想最大可能地提高成交率，首先要尽力为顾客提供帮助。首先，销售员必须为顾客提供他们能够从我们的产品中受益的各种信息。其次，我们必须帮助顾客做出恰当的购买决定。最后，我们还必须为顾客提供良好的服务。

如果销售员能够为顾客提供以上帮助，那么就等于为顾客扫清了决定他们购买的障碍。这样一来，顾客自然就不会拒绝购买我们的产品了。

乔·吉拉德还指出，为了让顾客无法拒绝，销售员最好在第一时间就能处理好顾客所提出的异议，从而加快销售的进程。这就需要销售员在处理顾客的异议之前有一定的准备。要对顾客可能提出的各种拒绝理由做到心里有数，并且作出相应的解决策略。这样可以避免顾客提出异议后，销售员因为不知道怎样应对而慌张，无法给顾客一个满意的答复，从而导致顾客流失。

为此，销售员应该在平常的销售活动中，留心顾客提出的异议，总结规律并记录下来，一一找出最佳的应对方案。除此之外，销售员还要掌握处理顾客异议的最佳时机。时机掌握得好，不仅能够完美地处理顾客的异议，也能增加成交率。那么，什么时候才是最佳时机呢？

第一，要在顾客的异议还没有提出来的时候给予顾客答案。这就相当于防患于未然，在销售员觉察到顾客将要提出异议前，就主动提出来并给予解释，这样顾客就没有了提出异议的机会。当然，销售员也需要向顾客说明，他们想提出的异议，其他顾客也曾提出过，以此证明他们的异议是多余的担心。

第二，当顾客一直犹豫不决的时候，销售员需要过一会儿再回答顾客的异议，因为一般来说，这样的异议不是三言两语就能化解的。与其这样，不妨再等一会儿，当自己考虑成熟了，再回答顾客。

如果销售员能够做到让顾客无法拒绝，那么就能大大地提高我们的成交率。因此，销售员应该在实际工作中，不断锻炼自己处理异议的能力和技巧，只有如此，才能最大限度地让所有顾客接受我们。

巧妙化解顾客拒绝理由

在销售过程中，很多顾客都会找各种借口来拒绝销售员。但是对于经验丰富的销售员来说，他们除了能够很好地处理常见的借口，还能对一些没有遇到过的借口应对自如。这也是他们能够一直保持良好销售业绩的原因之一。

实际上，妥善处理顾客的借口，是需要技巧的。这个技巧不是凭空就能够学到的，需要销售员在实际销售中不断积累经验，并学会总结。

在学习如何处理顾客借口之前，销售员首先需要遵守以下原则：

一、不要和顾客争辩；

二、调整好自己的态度，不得动摇；

三、明确重要的反对理由；

四、答复顾客借口的回答中，要有可以表示赞同的地方；

五、重复一遍顾客的借口，然后再答复对方；

六、不要对顾客的借口表示出轻蔑；

七、不要用"为什么"来回答顾客的借口；

八、为某些常见的借口事先想相出应对的答案；

九、答复要简单。

在遵守以上原则的基础上，销售员在处理顾客的各种借口的时候，可以借鉴乔·吉拉德的方法。

第一种情况：顾客借口说产品太贵了，买不起。

乔·吉拉德认为，对于顾客的这种借口，销售员有必要做一些试探，深入地了解一下顾客是不是真的买不起。如果顾客说的是真的，我们就可以介绍价格低一点的产品给他们。通常情况下，顾客要是真的是囊中羞涩，那么任凭我们再怎么夸耀产品的优点，也不能促使顾客做出购买的决定。

当然还有一种可能，如果顾客很需要我们的产品，并且认为货真价实的话，这样说只是希望我们能够作出价格上的让步。

针对以上情况，乔·吉拉德的做法是，分解费用，即将价钱分解为顾客可以负担的小数目，以每周、每天，甚至每小时来付款。

乔·吉拉德曾经为一位顾客做过这样的价格分解：一辆新车15000美元，如果按照月付款的话，每个月只需300美元；如果按照每天计价的话，只付10 美元！这样一来，即使再抱怨没钱的顾客，也会算一笔账，他们会意识到，分期付款确实是一个好办法，自然就会同意购买了。

第二种情况：顾客借口说自己要和家人商量一下，或者是跟同伴商量一下。

这种情况往往是考验销售员观察能力的时候。这时，销售员需要在最短的时间内，找到真正能够决定购买的决策者。比如，我们可以对顾客这样说："我们所剩的存货已经不多了，我建议您给您的家人（顾客要与之商量的人）打个电话，征求一下他的意见，毕竟好东西早点买回家，就能早点使用。"

如果顾客回答说，他就是有决定权的人，那么销售员就可以说："太好了，那您可以自己做决定买到自己喜欢的东西了。"一般来说，这样的回答能够在成交的最后关头，避免顾客做出反悔的决定。

第三种情况：顾客以"我再到别处看看"为借口。

销售员在销售过程中经常会遇到这种情况，当我们花费了很大力气做完销售介绍后，顾客却以类似"我不喜欢它的颜色"、"我不喜欢这个品牌"、"我只是来转转"这样的话为借口，转身离去。多数销售员遇到这种情况后，除了失望之外，没有任何办法。

乔·吉拉德也遇到过这样的情况，不过当他听到顾客说出类似以上借口后，他没有一点沮丧，而是信心十足地问顾客喜欢什么牌子或是什么型号的汽车。如果顾客说他喜欢的是丰田汽车的话，这时乔·吉拉德就会拿出一份关于丰田汽车的资料，这些资料是他用几年时间收集起来的，包括丰田汽车的一切负面报道。

顾客接过资料之后，乔·吉拉德就借口出去几分钟。当他再次出现的时候，会询问顾客是否还要继续看关于丰田汽车的资料，这时八成的顾客都会表示不愿意再看了。此时，乔·吉拉德认为成交已经是水到渠成，于是拿出合同，告诉顾客这才是他们最正确的选择。

在很多人看来，乔·吉拉德的这种做法有违职业道德，但是他个人认为这就像是律师在为自己的案子辩护一样，没有任何错，而且更重要的是，他并没有诋毁自己的竞争对手，他所提供的资料是绝对属实的，况且他并没有承认自己的车是毫无缺陷的。因此，对于这样的方法，销售员在运用时，一定要注意尺度，避免引起不必要的纷争。

第四种情况：顾客以"考虑考虑"作为借口。

当顾客以"考虑考虑"为借口时，一种情况是他为了照顾销售员的情绪，不忍心直接拒绝，只好委婉地说他需要考虑一下。对于这种情况，销售员应该努力争取到下一次见面的机会，如果顾客答应了，那么在下次见面之前，销售员就需要调整自己的销售策略。

另一种情况就是顾客本人比较优柔寡断。这时候，销售员就要让顾客感觉到我们是站在他们的立场上考虑问题，首先要肯定他们的说法，然后找到突破口，最后促使他们购买。

第五种情况：顾客以"我太忙了，没有时间听你详细介绍"作为借口。

面对这种情况，销售员不能乱了阵脚，不论顾客是真忙还是假忙，都要尽量争取时间，请求他们给我们5分钟时间，然后我们在这5分钟之内尽量引起他们的兴趣。

当5分钟过去后，我们可以留意顾客的反应，如果顾客仍然表示没有时间，却对产品十分感兴趣的话，他会主动要求进行第二次洽谈；如果5分钟过后，顾客不再强调他很忙，我们就可以安心地介绍我们的产品了。

第六种情况：顾客以"给我一些资料，我看完之后再给你答复"作为借口。

顾客之所以提出这样的要求，最大的可能是他们希望从资料中找到产品的缺陷，并以此为借口推掉这场交易。

面对类似的异议，乔·吉拉德通常会这样回答："如果有人问您这么漂亮的车子是从哪里买的，您可以拿这些小册子给他们看。"这样的回答假定了这场交易已经达成，也表达出了乔·吉拉德并不接受顾客延缓购买决定的想法。接着，乔·吉拉德继续进行销售说服，一再表示今天能够为对方提供一定的优惠。如果顾客听后还是无动于衷，甚至表示想要拿回家看时，乔·吉拉德就会告诉对方，小册子上的内容绝对没有他介绍得详细，如果顾客有什么问题尽管问，他随时准备回答。接着，乔·吉拉德就会根据自己的判断，继续向顾客说明更多的购买理由，一直到成交为止。

第七种情况：顾客以"我很喜欢你们的产品，可惜的是没有我想要的功能"作为借口。

这是一种很高明的借口，拒绝销售员的同时，又显得自己比较无辜——"不是我不想买，我十分想买，可是你们的产品没有这个功能"，一边说着，一边表示惋惜。遇到这样的情况，销售员不妨假戏真做，把对方的借口当作是真实的，然后想办法满足顾客的需要。

比如，有顾客对乔·吉拉德说："我想要一辆四门的车，可惜的是你们店里已经没有库存了。"乔·吉拉德听到这样的借口，就会反问道："如果我们有这样的汽车，您确定会买吗？"

为了让自己的借口更加圆满，顾客一般都会点头说肯定会买。乔·吉拉德要的就是这句话，他会马上给同行打电话，从其他店里调一辆顾客想要的车，并告诉顾客他们和附近的另一家店是联盟的关系，那家店中有顾客需要的车，现在只需要等几分钟，就能提到他想要的车了。

不论顾客找出什么的拒绝理由，销售员如果肯动脑筋，把顾客的借口当作说服顾客购买的切入点，就不失为接近顾客、取得最后成交的好方法。

化解顾客的价格异议

在销售过程中，销售员都会遇到一个最常见也最难解决的问题，就是价格问题。价格是销售活动中的关键问题，很多时候，解决了这一问题，就等于拿到了一笔订单。

一般情况下，顾客在听过销售员的报价后，都会提出一定程度的异议，最为代表性的异议就是"价格太贵了"。这时，销售员应该认真地加以分析，探寻顾客内心的真正动机。据心理学专家研究证明，顾客在购买产品时提出价格的异议，通常有以下几种原因：

一、顾客想在谈判中击败销售员，以证明自己的谈判能力；

二、顾客想买到更便宜的同类商品；

三、顾客怕"吃亏"；

四、顾客想利用价格来达到其他目的；

五、顾客知道别人以更低的价格购买了产品；

六、顾客不了解产品的真正价值，怀疑产品价格和价值之间不符；

七、顾客想从另外一家购买更便宜的产品，他设法讲价是为了给第三方压力；

八、顾客根据以往的经验，知道能够从讨价还价中得到好处，并且清楚销售员会作出让步；

九、顾客想向周围的人证明他有才能；

十、顾客想通过议价来了解产品的真正价格，测试销售员是否在说谎；

十一、顾客还有其他的同样重要的异议，这些异议与价格无关，他只是把价格作为一种掩饰。

通过以上原因，我们不难发现，顾客通过价格拒绝销售员，其中一半的情况导致我们无法与顾客继续交易，而剩下的一半则是我们能够把握的。乔·吉拉德认为，在销售过程中，销售员有必要让顾客觉得我们是在提供必要的信息服务于他。在顾客提出一些异议后，给他一些回应，让他觉得很舒服。当所有障碍都排除之后，销售员就可以勇往直前，完成交易。

比如，当顾客提出价格太贵时，销售员可以这样说："如果价钱低一点的话，您会从我这里购买吗？"也可以这样说："如果我想办法把价格再降低一点，您会立刻订货吗？"

如果顾客给出的答案是肯定的，销售员就必须马上想办法来改变交易条件，给出折扣或是分期付款计划，把价格和成本进行比较，向顾客说明价格已经很低了，或者干脆开出一个更低的价格。如果顾客是真心想要购买产品，他总能找出办法来付款的。

因此，就算顾客说出"价钱太贵了"，也并不意味着顾客不会购买，关键就在于销售员怎样去应对。不管销售员销售的是什么产品，顾客都会习惯性地提出价格的异议。顾客提出异议并不可怕，可怕的是，销售员在顾客提出异议之后，直接用类似"一分价钱一分货"、"你不识货"这样的话回击顾客，这是销售员的大忌，这样会直接得罪顾客。所以，面对顾客提出的价格异议时，销售员应该遵循以下几点：

一、先谈价值，再谈价格

销售员在销售洽谈的过程中，要记住的原则是：一定要避免过早地提出价格问题。不论产品的价格多么公平合理，只要顾客购买这种产品，他就必须付出一定的经济牺牲。因此，一定要在顾客对产品的价值有所认同后，再和他谈论价格的问题。

要明白，价格本身并不能引起顾客的购买欲望，顾客感兴趣的是产品的价值。通常，顾客对产品的价值越了解，购买的欲望就会越强烈，对价格的考虑也就越少。所以，在时间顺序上，销售员要先谈价值，后谈价格。

二、与其它产品价格做比较

与顾客在产品价格问题上产生分歧后，销售员最忌讳的是喋喋不休地夸赞产品的质量，这除了会引起顾客反感之外，还会让顾客觉得我们是在强行销售，这是得不偿失之举。

面对这种情况，销售员应该与其他公司相同的产品进行价格比较，让顾客明白，在我们这里，可以用最少的钱，买到质量最好的产品。当然，要想做好价格对比，销售员需要掌握其他公司同类产品的价格资料，并及时更新，这样才能在销售中占据主动位置。

三、以"小"藏"大"谈价钱

条件允许的情况下，要尽量用较小的单位报价，即把报价的单位缩至最小，从而隐藏价格的"昂贵"感，让顾客更容易接受。例如，日本东京不动产的销售标语：出售从东京车站乘直达公共汽车只需75分钟就能到家的公寓。如果把75分钟换成了1小时零15分钟，顾客就会觉得公寓距离东京太远了，购买的人也会大大减少。

如果把商品价格分摊到使用时间或者使用数量上，常常能够使产品的价格看起来微不足道，也就能够达到让顾客接受的目的。

四、以防为主，先发制人

这种方法是事先尽可能掌握顾客的经济情况，再从与顾客的交谈过程中获得一些有用的信息，然后把这两方面的信息整合起来，进行分析并做出全面的判断，最后赶在顾客开口之前，将顾客想要提出的异议化解掉。

五、引导顾客正确看待价格差异

当顾客提出我们的产品和竞争对手的产品在价格上存在较大的差异时，销售员应该从产品优势方面入手来比较，比如，产品的质量、功能、信誉和服务等，引导顾客正确看待价格之间所存在的差异，让顾客明白购买产品所得到的利益会弥补价格上的损失。

六、帮助顾客谈价钱

如果销售员交易的对象是经常讨价还价的顾客，那么如果我们先报价，就会失去掌握价格的主动权，产品卖出后，可能会低于我们最初的报价，甚至会直接导致交易失败。

因此，在顾客询问价钱时，我们可以先不报价，而是先问顾客几个问题，然后根据顾客的回答帮助顾客给出合理的报价。销售员所问的问题应该包括顾客所掌握的同类产品的价格、顾客的背景和购买经历等等。

七、掌握讨论价格的时机

因为价格的问题常常会让销售陷入僵局，所以销售员要掌握合适的时机谈论价格。不要主动谈论价钱；当顾客提出价钱问题时，要尽量向后拖延；顾客坚持要得到回复时，要让顾客明白价格是相对的这一道理。

总之，销售员要在全面了解顾客的理想价格之后，再提出自己的报价，这样才能掌握主动权，避免销售陷入僵局。

　　在销售中，顾客提出价格异议是再常见不过的事情了，销售员需要做的是，尽力化解他们的异议，保证顺利成交。即使因为各种原因，我们无法给顾客一个他们想要的价格，但不要紧，正所谓"买卖不成仁义在"，只要能够赢得顾客的信任，我们就有可能迎来下一次的成交。

第8章

心理博弈
——激活顾客的购买欲望

顾客没有需求，那就创造需求
用产品的味道吸引顾客
让顾客"二选一"
让顾客亲身参与
演示，效果最好的销售
销售唯一的产品
抓住顾客的"从众"心理

顾客没有需求，那就创造需求

电影《华尔街之狼》里有这样一个堪称经典的销售镜头：

主角乔丹·贝尔福特在吵闹的餐厅中，正大费口舌地说服他的几个朋友一起创办股票公司，其中一个朋友对乔丹·贝尔福特有些不服气，说自己什么东西都能卖出去。

乔丹·贝尔福特便从口袋里摸出一支钢笔，让他将其卖给自己，对方自知没有能力，一个劲地往嘴里塞面包，借口说自己还没吃晚饭。乔丹·贝尔福特便将钢笔递给另一个朋友布拉德，让他将笔卖给自己。

布拉德接过钢笔之后，对乔丹·贝尔福特说："你能把名字写到那张餐巾纸上吗？"

乔丹·贝尔福特回答说："可是我没有笔。"

布拉德便将笔扔在桌子上说："这支笔卖给你了！"

电影结尾的时候，乔丹·贝尔福特应邀在一个节目上传授他的销售技巧。他拿着一支笔，走下台来，把笔递给前排的一位观众说："把这支笔卖给我。"这位观众接过笔，开始夸赞这支笔。乔丹·贝尔福特把笔拿回来，交给下一位观众，又让其把笔卖给自己。这样重复几次后，观众的销售话术大同小异，无非是说自己如何喜欢这支笔，或者这支笔如何好用。

以上两种销售技巧对比，高下立见。为什么面对同样的情况，会出现两种不同的销售话术，这是很多销售员在销售过程中经常遇到的问题。这就像面对一个似乎不需要我们产品的顾客，销售员会怎样想呢？有的可能会想："太糟糕了，我的产品销售不出去了。"而有的会想："太好了，我有机会向他们销售了。"

这个销售技巧表明了这样一个事实，世界上没有卖不出去的东西，只有不会卖的销售员。优秀的销售员具备良好的销售思维，即能够随时随地为没有需求的顾客创造出需求。当然，这是非常有难度的，但是这不妨碍销售员学习这样的思维方式。只要拥有了这样的思维方式，那么所有的人都可以成为我们的顾客。

实际上，很多顾客的购买行为仅仅是出于一种习惯，也就是说，他们需要销售员重新发掘他们的消费需求。这就意味着，销售员如果能够培养顾客的新的消费习惯，就能够发掘出更多的顾客。这并非是天方夜谭，顾客的习惯不是一成不变的，不然星巴克也不可能入住饮茶历史悠久的中国市场，也不会有顾客因为宝洁的洗发水广告而天天洗头发……

这些都很好地说明了顾客的购买习惯是可以改变的。因此，只要销售员能够找到突破口，积极地营造顾客的需求氛围，就能将顾客本来不需要的产品卖给他们。为了佐证这一方法的切实可行，乔·吉拉德曾举过这样一个例子：

在美国的一家商学院中，院长设计了一个销售天才奖，题目是将一把旧式砍木头的斧子卖给美国总统克林顿。这无疑是一个天大的难题，因为几乎没有人见过总统本人，就算见过，堂堂的总统会需要一把旧式的砍树斧子吗？

很多学生都对这个题目望而却步了，主动放弃了获奖的机会，但是有一个学生没有放弃，开始积极想办法。那时正值克林顿总统刚刚上任，这个学生经过精心的策划，给总统写了一封信，在信上他先表达了自己对总统上任的祝贺，接着表达了对总统的热爱，然后笔锋一转，谈到了克林顿的家乡，说他曾经到过总统的家乡，看到了总统的庄园，并且给他留下了深刻的印象，他还发现庄园里的树上有一些粗大的枯树枝。他认为这些枯树枝实在影响庄园里的风景。现在市场上所销售的斧子，恐怕无法帮助总统砍掉那些粗大的树枝，但是没关系，现在他这里有一把超大的斧子，一定是总统所需要的，而且价格十分合理。

克林顿总统在收到这封信后，立刻想到了自己的家乡，同时他认为，身为总统，在任何方面都要给市民留下美好的印象。于是他立刻向这个学生购买了那把斧子。这家商学院空置了很久的销售天才奖终于有了得主。

其他学生只把目光放在斧头和总统两者上，总觉得两者不可能产生什么联系，主动放弃销售斧子。而故事中的学生找到了第三个可以促使销售成功的因素，那就是他为总统创造了需求斧头的氛围。

作为销售员，要想发掘顾客新的需求，首先要做的是站在顾客的角度上去考虑问题，这样才能发现顾客真正的需求是什么。除此之外，销售员还可以让顾客明白购买我们产品的好处，这样也能够营造出顾客的需求氛围。

假设销售员要说服一位顾客来参加我们的培训课程，顾客可能会以"没有时间"或者"价格太高"等借口来推托，原因就是他们只看到了不足之处，没有找到可以令他们信服的好处。这时，销售员就可以告诉顾客："您参加我们的培训课程，虽然需要拿出一点时间和金钱，但是这些可以换来您更加美好的前程。您想一想，如果您放弃了这次培训机会，而您的竞争对手却参加了，那么他很可能在某方面就比您占了优势，到时候，您可能就失去了竞争优势。这样算下来，您的损失会更大。"

这样，顾客就不得不为自己的前程考虑了，而这也许是之前他不曾考虑到的。正如乔·吉拉德所说，在解除顾客的抗拒时，既要强调购买产品会得到哪些好处，又要强调不购买会带来哪些损失，引起顾客的考虑，这样就能够营造出顾客的需求氛围了。

相比迎合顾客的购买习惯，改变和培养顾客的购买习惯更难，也更具风险，很有可能我们付出了巨大的努力，却没有任何结果。但我们要想成为一名业绩优秀的销售员，就必须面临一些新的挑战，只有这样，我们才能从激烈的竞争中脱颖而出。

用产品的味道吸引顾客

在生活中，如果我们偶尔吃到小时候经常吃到的食物，那么在一瞬间，食物的味道就会通过味蕾，唤醒我们的记忆。我们仿佛回到了小时候，厨房里昏黄的灯光下，妈妈正忙着给我们做饭。随着这份食物的味道，我们又想到了许多早已尘封的往事，一件接一件，贯穿起来，就是整个童年。

味蕾是有记忆的，现代销售活动中，不少商家就利用人的这一特点进行销售，并取得了不错的销售成绩。比如，某品牌水饺有一句"妈妈的味道"的广告语，这句温暖的广告语准确地叩击着人们的心扉，使人们仿佛又闻到了妈妈做的手工水饺的味道，于是就会不由自主地去购买水饺。

不论是食物，还是日常用品，每一种产品都有自己的味道，乔·吉拉德就非常擅长通过气味来销售汽车。他总是会"逼"每一位顾客坐到新车里，去闻一闻新车的气味。因为他相信，每一位接触到汽车气味的顾客，心里都会产生与之前完全不一样的感觉。

乔·吉拉德之所以如此自信，是与他小时候的经历分不开的。那是在一年的圣诞节，乔·吉拉德在一个小伙伴的家中，当时小伙伴当着乔·吉拉德的面拆开圣诞节礼物的包装，那是一个崭新的电钻，通上电源，就可以不停地到处钻眼。当乔·吉拉德把这个新的电钻拿到手中的时候，尽管那不是他的，他还是感觉到了无比的兴奋。

此外，乔·吉拉德坐的车都是一些老式汽车，外表破损不说，就连车里都散发着一股酸臭。有一次，他的邻居买回一辆新车，他坐了进去。里面的味道很独特，让人闻到之后，立马就会认为这是新车的标志。这个感觉让他终身难忘。

当乔·吉拉德成为一名汽车销售员后，他几乎每天都可以闻到曾经熟悉的新车味道，他甚至开始迷恋这种味道。因此，他相信，顾客也会喜欢新车的味道。

所以，在销售汽车的时候，乔·吉拉德会想方设法让顾客自己坐到汽车里亲身体验一下。如果顾客的家就在附近，他会让顾客把汽车开回家去，让顾客当着太太和孩子的面炫耀一番。这样一来，顾客很快就被新车里的"气味"吸引住了。根据乔·吉拉德的经验，凡是坐进新车里的顾客，最后多数都会选择购买汽车。

对于一辆新车来说，除了配置、性能、外观之外，最能"撩人"的就是它的气味。所以让顾客进去试坐一下，就会刺激顾客产生拥有这辆车的欲望，即使当时没有成交，新车的气味也会一直萦绕在顾客的脑海里，只要时机成熟，他自然会找乔·吉拉德购买汽车。

有专家认为在顾客坐进汽车时是最佳的销售机会。但是乔·吉拉德不这样认为，他会让顾客坐在汽车中尽情地摸摸这里，摸摸那里，顾客闻的气味越多，摸到的地方越多，就越会开口说话，这样他的目的就达到了。

乔·吉拉德希望让顾客主动开口说话，这样一来，他就能知道顾客的经济状况、所从事的职业，以及个人喜好。然后乔·吉拉德会根据这些信息替顾客判断出，顾客应该买一辆什么价位的车。

当然，也有一些顾客是不愿意试驾的，原因就在于一旦试驾，顾客就会从内心觉得，他对汽车有了责任。而这也正是乔·吉拉德想要的效果，所以他会想尽办法"逼"每位顾客都去试驾他的车。

一次，一位顾客试驾以后仍然没有下定决心购买，眼看着交易就要以失败告终，此时，乔·吉拉德对顾客说："如果您真的想要购买，就先付100美元的订金，然后把车子开走吧。"

顾客一旦把车开回家，情况就不是顾客所能控制得了，除了家人之外，他买车的消息会迅速在邻居间传开。这样一来，顾客就会有些"骑虎难下"。再说了，他也十分喜欢这辆新车，以及它的味道，况且，他还考虑到乔·吉拉德对自己的信任，他又怎么能不对乔·吉拉德负责呢？总之，不论怎样，他最后都会克服种种困难，找乔·吉拉德把后续手续办完。

也许有人会为乔·吉拉德这样的行为感到担心，万一顾客把车开走不再回来，或者是最后还是决定不购买怎么办？毕竟汽车还是价格不菲的消费品。但是，乔·吉拉德对此完全不担心，因为他不相信有人能坦然驾驶不属于自己的新车；如果有人真的这样做的话，那么这个人也很容易就惹上官司。

当然，有人可能会质疑说，有的顾客已经不止一次购买新车，因此再买的话，对新车的气味已经习以为常了。实际上，不论是第几次购买新车，购买体验都会让顾客产生兴奋感，这个体验当然也包括汽车的气味。

利用新车气味来刺激顾客购买，在销售中是非常重要的。早在二战的时候，有的人就已经开始利用气味来促成顾客购买了。当时二战刚刚结束，汽车市场上新车匮乏，多数人都会选择购买二手车。

为了能够让二手车散发出新车的味道，二手车经销商都会购买一种液体，这种液体喷在二手车的行李箱和车内，就可以使二手车散发出新车的气味，喷过这种液体的二手车都十分受消费者的欢迎。

所以，对于销售员来说，千万不能忽视气味对顾客的影响，在很大程度上，它也能够左右顾客是否决定购买。正如乔·吉拉德所说："不论你卖什么，你的产品中都存在一种类似新车气味的元素。要把你自己想像成一名顾客，想想某一产品有哪个方面能使你激动，或曾在你首次购买它时令你激动，然后用这种体验去销售你的产品，以给人带来激动和兴奋。"

让顾客"二选一"

当销售活动快要结束的时候，销售员应该提供多种选择来让顾客选择。多种选择的客观效果就是把顾客的注意力从考虑该不该购买转移到买甲还是买乙的思路上。

这种方法在销售中很常见，即在假定顾客已经购买的基础上，让顾客在两种方案中选择一种。使用这种方法时，销售员通常会提出这样的问题：

不知道您喜欢什么颜色的？粉色的还是蓝色的？

我明天去拜访您，您上午有时间还是下午有时间？

您想购买哪一款呢？A款还是B款？

这样，无论顾客选择哪一种，都是对销售员有利的结果。但如果换成别的问法，就有可能让自己的销售在最后关头失败。比如：

您现在要购买这类产品吗？

您现在能够做出购买的决定吗？

您对这种商品感兴趣吗？

类似这样的问法都是对销售员极为不利的，也许当时顾客已经有购买的倾向了，听到这样的问话，就会将降低他的购买欲，反而从想要购买转换成"考虑考虑"。因此，要想让顾客避免产生要"考虑"的想法，销售员就要在引导顾客购买时使用"二选一"的方法。这也是乔·吉拉德在销售汽车的时候常用的方法。

一位男士始终在两辆汽车之间犹豫，到底选择哪一辆呢？要不还是等明天再做决定吧。他心里这样想着。乔·吉拉德站在一旁，看到顾客迟迟没有做决定，于是问道："先生，您是喜欢绿色的呢？还是喜欢蓝色的？"

"嗯，我比较喜欢蓝色的。"顾客回答道。

"那好，我们是今天把车给您送去呢？还是明天？"乔·吉拉德继续问道。

"既然都决定了，那就明天给我送来吧！"

就这样，乔·吉拉德又卖出了一辆汽车。

类似的问法还有很多，这种"二选一"的方法看似是把成交的主动权交给了顾客，但实际上只是把成交的选择权交给了顾客，而成交的主动权则掌握在销售员的手中。但是，如果"二选一"的方法使用不当，就会给顾客的心理造成压力，使顾客丧失成交的信心。形成这样局面的原因可能是销售员没有掌握好询问的时机，或是提出的方案是顾客不愿意接受的。

一位打扮时尚的女士来到一个羊绒大衣的专卖店，准备挑选一件羊绒大衣参加聚会。这时，销售员走上前去，手里拿着两件大衣，一件是紫色的，一件是绿色的，对那位女士说道："小姐，您看这两件怎么样？紫色是今年的流行色，而绿色则会让您看上去很年轻。"

这位女士看了看销售员说："这两件的颜色我都不喜欢，而且我看起来很老吗？"说完，女士就走了。其实这位女士一进门就喜欢上了那件红色的，只是她觉得紫色的也很好看。正当她犹豫之际，销售员说出了让她很恼火的话。

可见，在使用"二选一"这种方法的时候，要看准时机，并且要在了解顾客想法的情况下使用，而不能生搬硬套，否则很容易引起顾客的不满。有时候，有的销售员提供的方案比较多，这样会影响顾客的选择，让顾客更加拿不定主意，这样销售员就失去了成交的主动权，浪费了销售时间，错过了成交的时机。因此，在使用"二选一"的方法时，应该先进行一些假设，当这些假设成立时，才可以使用让顾客"二选一"的方法。

1. 假设顾客已经具备了购买某种产品的信心；

2. 假设顾客已经接受了销售员的销售建议；

3. 假设顾客已经决定购买，只是在关于产品的其他方面有所考虑。

当顾客不能做出明确的选择时，他是需要时间考虑的，这时候，销售员适时地提出"二选一"的问题，能够让顾客尽快做出选择。

让顾客亲身参与

如果你认为销售活动只是销售员一个人的事情，那你就错了，如果只有销售员一个人，那充其量只是一场"独角戏"，而缺少了销售活动中的主角——顾客。

很多销售员都忽略了这一点，以至于给很多顾客留下了销售员都口若悬河的形象，而顾客在购买产品的时候，似乎也习惯了销售员不停地介绍，忘记了自己才是这场销售活动中的真正主角。

在销售活动中，如果销售员能适当少说一点，把主动权交给顾客，让他们亲身体验产品，那么顾客必然会对产品产生深刻的印象。顾客参与操作示范的时间越长，在决定购买之前，他对产品的拥有感便会越浓厚。

所以，销售员一味向顾客介绍产品的外观、功能等是远远不够的，如果我们一边讲解产品的用法，一边指导顾客操作，那么所达到的效果一定不同。譬如买房，如果仅仅是销售员讲解房子的构造多么合理，周边的环境多么优美，是不能促使顾客做出购买决定的，只有让顾客站在房间里，一边让顾客参观，一边讲解，若是再让顾客坐在阳台上晒晒太阳，看看四周的美景，相信不用销售员多费口舌介绍，顾客都会从心底想成为这座房子的主人。

优秀的销售员都善于运用各种感觉来刺激顾客，不但要让顾客"看到"，还要让顾客"听到"、"闻到"、"感觉到"，通过种种感觉不断让顾客暗示自己做出购买决定。乔·吉拉德非常擅长利用这种销售方法。

我们知道，在汽车销售这个行业，很多顾客看中一辆车之后会选择试驾，即亲自驾驶汽车感受它的性能和速度。通常这个时候，乔·吉拉德会随顾客一同前往，而且他会彻底把驾驶权交给顾客，自己坐在副驾驶的位置上，然后在合适的时机向顾客讲解汽车的各种功能，解答顾客的疑问。

通过试驾的方式，让顾客感觉自己已经拥有了这辆车，并让他喜欢上新车的外观、内饰以及各种贴心的设计。这正是乔·吉拉德希望看到的，如果顾客产生了拥有这辆车的感觉，那么从某种程度上说，这笔生意已经成交了。

让顾客感觉自己已经是某件产品的主人，这是一个非常有效的心理暗示销售方法，而且已经被应用到各个行业的销售当中。乔·吉拉德作为销售员，不论是在工作还是在生活中，都会刻意观察别的销售员是如何销售的。

一次，乔·吉拉德去一家商场闲逛，观察到一位珠宝销售员通过让顾客亲身感受来销售珠宝。当顾客看中一款戒指后，她会把戒指拿出来并以娴熟的手法将戒指戴在顾客的手指上，然后观察顾客的反应。如果顾客表现出很喜欢这枚戒指，那么销售员就绝对不会说出类似"您喜欢这样的款式吗？"或者"要不要再看看其他款式？"这样的转移顾客注意力的话，她会对顾客这么说："您的名字首字母是什么？师傅会为您刻在戒指内侧的镶边上。这一枚戒指就是独一无二属于您的了。"

类似的情况还有很多。比如，在一家服装店里，一位顾客在一件衣服前徘徊良久，看了又看，摸了又摸。这时，销售员及时上前对顾客说："我看您身材纤细，应该是穿M号的对吗？试衣间在这边，请跟我来。"等顾客穿着新衣服来到镜子前面时，销售员又不失时机地说："这件衣服不论大小还是颜色，都非常适合您，您是直接穿着衣服走，还是把它打包？"

很明显，不论是让顾客试戴戒指，还是让顾客试穿衣服，销售员只要让顾客亲身体会之后，就假定顾客最后一定会购买。多数情况下，顾客如果体验不错，都不会再拒绝，而是选择直接购买。

利用这种方法进行销售的销售员都非常优秀，同样作为销售员的乔·吉拉德，也曾对这样一位销售员赞不绝口。有一次，乔·吉拉德想要恢复自己中断了很久的滑雪运动，于是来到专门出售滑雪用具店里想购买一套合适的用具。

当滑雪用具店的销售员了解到乔·吉拉德的需求之后，马上为他穿上了一款短筒靴，又带着他到另一个专柜挑选合适的滑雪板。然后销售员诚恳地对他说："先生，如果您想在滑雪中不受伤害的话，您还需要雪衣、雪杆、太阳眼镜……"看架势，销售员是要把乔·吉拉德装备成专业的滑雪运动员。

作为从事销售多年的乔·吉拉德，此时不仅没有为销售员不停地

"摆布"自己而感到生气，反而在用上销售员为自己挑选的滑雪工具之后，真觉得自己成了一名专业的滑雪运动员。所以，他开始一边感慨这位销售员的厉害，一边跟随着销售员继续挑选滑雪用具了。

不论什么销售行业，如果销售员能够让顾客亲身体验一番产品，那么顾客就会对产品产生购买的欲望，因为在体验的过程中，他们已经熟悉了产品的各种功能，并十分喜欢这些功能，所以多数顾客都会选择购买。

演示，效果最好的销售

在现代销售活动中，销售员如果仅仅依靠语言来销售产品，是远远不够的。因为语言描述仅仅能给顾客留下一个抽象的印象，顾客没有办法判断销售员的介绍是否属实。

比如，一个销售员销售的产品是摔不碎的玻璃杯，不论销售员如何口吐莲花，将玻璃杯夸赞得如何耐用，也很难让顾客完全相信。之所以会产生这样的结果，最大的原因在于，任何人都知道，只要是玻璃制品都是易碎品，这是基本的常识，所以，人们怎么可能相信会有摔不碎的玻璃杯呢？

那么，销售员该如何将摔不碎的玻璃杯成功地销售给顾客呢？最好的办法就是演示，即当着顾客的面，把玻璃杯扔在地上，让顾客亲眼看见玻璃杯完好无损。因为顾客见证了一个事实，所以即便销售员什么也不说，他也会相信销售员的。

有的时候，一场产品展示，往往比喋喋不休的销售语言更有力量。正如乔·吉拉德所说："人们都钟爱自我来进行尝试、接触、操作，人们都有好奇心。不论你销售的是什么，你都要想方设法展示你的商品，而且要记住让顾客亲身参与，如果你能吸引住他们的感官，那么你就能掌握住他们的感情了。"

所以，对于销售员来说，要想促成顾客购买，除了通过语言向顾客进行产品介绍之外，还要懂得运用产品演示来赢得顾客的信任。

在美国俄勒冈州的波特兰，一个牙刷销售员为了让顾客购买新牙刷，他会随身携带一个放大镜，每当顾客表示自己的牙刷还可以继续使用时，他就会把放大镜放到顾客的手中，然后让顾客自己观察新旧牙刷的不同。

纽约有一个西装店的老板，在他店里的橱窗中放着一个放映机，每一个路过服装店的人都会看到这样一则短片：一个衣衫破旧的人，在找工作的过程中处处碰壁，没有一家企业愿意聘用他。然后镜头转换，当他换上一身新西装后，整个人显得精神焕发，结果很容易就找到了工作。这家店就是通过不断播放这则短片，巧妙地激发了顾客的需求，从而使西装店的销售量得到了保证。

纵观以上两个销售案例，我们不难发现，尽管销售方法略有不同，但它们都有一个共同点，那就是进行了全面的产品演示，使顾客更加客观地了解到了产品的实用性和功能性。这样一来，顾客自然就愿意主动购买产品了。

随着社会的发展，销售手段也在不断更新变化，销售员在实际销售中，能够应用到的演示产品的方法也越来越多，最常用的方法有以下3种：

一、体验演示法

所谓体验，就是请顾客亲自使用销售员所销售的产品。对于顾客来说，他们只相信自己的感觉和体验，产品好坏与否，只有用过才知道。这就像在汽车行业的试驾一样，顾客驾驶着新车行驶一会儿，就能够感受到新车的性能以及舒适程度。顾客体验之后，就能直接体会到商品的好处，从而产生购买欲望。

二、写画演示法

这种方法主要应用于证券销售中，销售员需要随身携带笔记本和笔，因为股票属于无形产品，顾客很难对其形成一个具体的概念。因此，销售员可以将一些晦涩难懂的数据，通过画图的方法陈列出来，让顾客能够直观地看到产品的突出优点。

三、表演演示法

这种方法主要是将动作、语气、神情等方面的因素结合起来，让其成为表演的辅助工具。比如，销售员销售的是一种高级领带，他就可以一边将领带用力揉成一团，一边绘声绘色描述领带的质量以达到吸引顾客的目的。最后，再将领带拉平，把没有任何褶皱的领带展示给顾客。

演示产品虽然可以有效迎合顾客追求新颖的心理，但最终是否能够激起顾客购买的欲望，要看销售员的演示水平是否高超。因此，在演示产品的时候，销售员还要注意一些演示技巧。

首先，演示方法要有创意。销售员要想让自己的演示更具感染力，就必须在演示方法上有所创新，这样才能引起顾客的兴趣。比如，销售员销售的是洗衣粉，如果我们只是拿着一件脏衣服当着顾客的面洗干净，不会给顾客带来特别大的视觉冲击。但如果我们把墨汁泼到自己身上，然后在顾客的惊叫声中，用洗衣粉把衣服上的污渍洗干净，相信一定会给顾客留下深刻的印象。

其次，演示要熟练。在演示产品的过程中，销售员首先应该做到避免心情紧张，只有如此，才能在演示中表现得自信、大方，这样才能让演示更具说服力。这就需要销售员在演示之前做好充分准备，包括说话、动作、语调等方面。只有准备充足，演示才能更加熟练，才能打动顾客。

再次，让顾客参与演示。在演示产品的过程中，销售员不能自己说个不停，有必要的时候，可以与顾客进行互动。比如，可以邀请一位顾客上台来充当助手，也可以向顾客提一些问题。这样做的好处是，会让顾客产生参与感，完全沉浸在演示中。

销售员要明白，不论我们的产品有多优秀，功能有多齐全，如果不能让顾客实实在在地看到，就无法完全得到他们的信任。正所谓"耳听为虚，眼见为实"，只有将产品的功能展现给顾客，才有可能赢得顾客。

销售唯一的产品

在电视上，我们经常会看到一些拍卖节目，节目中，拍卖的东西各种各样，有古董、字画、陶器等等，这些拍卖品都有一个共同点，就是它们都是独有的，这个世界上不会再有第二件。

正因为如此，很多顾客为了争夺这唯一的拍卖品，不惜一次次抬高自己的竞价，直到竞拍下这件拍卖品。这给我们销售员的启发是，有时候向顾客销售唯一且不容易获得的产品，就会让顾客在心理上对该产品产生迫切的需求感。

对于那些销售唯一的产品的销售员来说，他们是幸运的，因为产品的性质使得他们不需要大费周章地说服顾客，因为顾客会自动对产品产生迫切的需求感。关于这一点，乔·吉拉德也感同身受。

有一次，乔·吉拉德和妻子一起去看房子，他们一眼就看中一套房子，这套房子不论从位置，还是从内部装修来说，都非常合适。所以，乔·吉拉德夫妇对这套房子非常满意。

房地产销售员也看出了他们对房子的喜爱之情，销售员告诉乔·吉拉德夫妇说，这套房子已经在售半年了，房子的主人急于出售这套房子。本来房主的要价非常高，但是后来又主动降了不少价，前几天已经有好几对夫妇来看过房子，并且都很喜欢，估计用不了多久就能出手。

然后，这位销售员又建议乔·吉拉德和妻子先付些订金。因为早上来看房的夫妇约他晚上再带他们来看一次，估计那对夫妇晚上就会出价了。

同样作为销售员的乔·吉拉德此时突然开始变得有些着急起来了，因为他拿不准销售员说的话是真是假，但他确实不想就此失去自己满意的房子。为此，他征求了妻子的意见，没想到妻子的想法和他一样。于是，为了不错失这次机会，乔·吉拉德夫妇马上付了定金。

除了房地产销售行业之外，这种销售方法也非常适合服务行业。比如，房地产中介公司的销售员可以这样对一位非常渴望租一间单身公寓的顾客说："我们的公寓因为租金便宜、家电齐全，所以顾客的需求量很大。现在我手里只剩一间公寓，如果您有意愿租的话，请尽快做出决定，因为过了今天很可能就会被别人租走。"

从表面上看，这位销售员只是向顾客描述他们的公寓如何受欢迎，而实际上是在向顾客施加压力，顾客一听只剩一间经济实惠的公寓了，自然不愿意失去这次机会，无论如何都会想办法租下这套公寓。

很多销售员会在销售展览结束之后告诉顾客："我们公司发展经销商的计划是，针对该地区只找一家代理商，截至目前为止，已经有7家代理商表示感兴趣。如果您想成为该地区的代理商的话，我建议您马上和我签订合约。之后，我会尽快汇报公司，争取在最短时间内帮您争取到该地区的代理权。但是，我得告诉您，我会为您尽量争取，毕竟其他人也参与了进来，所以我不能向您保证什么。"

从上面的几个例子来看，我们不难发现，不论是单身公寓，还是经销商的代理权，只要顾客得知需求大于供应的时候，就会不由自主地产生紧迫感，生怕再也找不到这么好的机会了，从而促进成交。

其实，这就是一场销售员与顾客的心理战，如果我们能够运用得当，不论我们销售的是什么产品，都可以让顾客产生紧迫感，从而马上决定购买。这也就是许多商家每年都会推出几款限量版商品的原因，因为对于一些忠于该品牌的顾客来说，他们知道如果不趁早购买自己看中的限量版产品，那么以后可能就再也没有机会购买了。

比如，知名运动鞋品牌耐克，每年都会推出几款限量版鞋。对于耐克品牌的忠实拥趸者来说，他们更看重的是收藏价值，因此不论付出多少金钱，他们都会购买几双限量版耐克鞋。

对于活学活用的乔·吉拉德来说，他就曾把地产销售员对他使用的这种销售方法成功应用到了他的汽车销售中。

在销售汽车过程中，如果乔·吉拉德感觉一位顾客非常喜欢一款汽车，却迟迟没有做出购买的决定，此时，乔·吉拉德就会对顾客说："我刚才帮您查了一下，您看中的这款汽车的车型和颜色，我们就有一辆库存了。如果您愿意的话，我马上就能把车提出来，您等一会儿就能把车开走。如果您愿意等的话，这辆车就可能要卖给昨天来看车的一位先生了。如果这辆车卖给了他，我也可以从别的经销商那里为您调一辆汽车，但那意味着您可能要等上一段时间了，至于需要等待多久，我也无法给您一个准确的时间。"

说完这段话后，乔·吉拉德会选择沉默，然后观察顾客的反应。如果顾客表现出紧张，那么说明他动心了，这时乔·吉拉德会趁热打铁说："我知道您非常喜欢这辆车，既然这样，您就应该买下来，今天就能开着它回家，想想那种感觉，有多么美好！"顾客听后，终于决定购买，一笔生意就这样成交了。

对于销售员来说，如果顾客在购买产品的时候一直犹豫不决，我们不妨应用这种销售方法，告诉顾客我们的销售产品仅剩一件，这样就能给顾客造成心理上的急切的需求感，从而使对方快速做出购买决定。

抓住顾客的"从众"心理

"从众"是一种十分常见的社会心理和行为现象，"从众"在消费活动中也是非常常见的。大部分人都喜欢"凑热闹"，看到大家在买东西，都会忍不住上前看一眼，只要条件允许，最终或多或少都会买几件。

此外，也有这样的情况，当你看见街上有发传单的人时，不妨仔细观察一下，你就会发现，如果第一个人走过去接过了传单，而且看得很仔细，那么跟在他身后的人也会接过传单来看；如果前面的人接过之后，看了一眼就扔掉了，那么之后的人也会这样做，有的甚至都不会接过传单。尽管传单上的内容可能会对他有用，但是他看到别人都不接，他就已经认定那是一张毫无用处的传单。

乔·吉拉德认为，许多顾客在销售员进行介绍之后提出异议，是因为他们害怕自己买错东西。如果销售员此时能够为顾客提供有很多人买过自己的产品的佐证，那么顾客的疑虑就会被打消，他就会觉得，既然有那么多人都买了，应该不会错。

因此，销售员应该根据顾客的这种"从众"心理，来设计自己的销售方案，这样往往会取得不错的销售成绩。日本的"尿布大王"多川博正是巧妙利用了顾客的这一心理销售自己的尿布，从而获得了巨大的成功。

多川博刚开始创业的时候，专门经营日用橡胶制品。一次偶然的机会，他发现日本每年出生约250万婴儿，如果每个婴儿使用两条尿布，那一年就需要500万条，这是一个很大的商机，于是多川博放弃了之前的橡胶行业，开始生产尿布。

多川博制作尿布非常用心，运用了新科技、新材料，而且尿布质量上乘。为了让尿布成为市场上的热销产品，他还花费大量时间和金钱去做宣传。然而，等尿布真正上市的时候，并没有出现多川博预想中的抢购风潮。

这种情况持续了好几个月，多川博一直在寻找解决办法，但一直没有找到。有一天，他走在街上，看见大家都在排队买东西，并且不断有新的顾客加入。看到此景的他，也不由自主地加入到"疯抢"的行列中。在人群中被挤来挤去的瞬间，他想到了一个卖出自己尿布的方法。

第二天，多川博就让自己公司的员工假扮成顾客，在公司门外面排起了长长的队伍。这个方法果然引起了路人的好奇，大家都纷纷前来询问他们卖的是什么产品。于是员工就借此向顾客介绍自己公司的尿布。通过这次销售，越来越多的人开始知道多川博的尿布。渐渐地，多川博的尿布在世界各地开始畅销。

多川博就是运用顾客的"从众"心理为自己生产的尿布打开了销路。这种"从众"心理除了以上的表现外，还有很多种表现形式，比如利用明星来做代言、做广告等，都是在利用顾客的"从众"心理。

百事可乐公司就经常请世界级明星做品牌代言人，这样，至少这位明星的追随者都会购买百事可乐，当顾客手里拿着瓶子上印有自己喜欢的明星的肖像时，他们会感觉这是一种身份的象征。

运用"名人效应"也能取得一样的效果。2001年在中国上海举行的APEC会议上，各国首脑齐聚一堂，在合影时，他们都穿着一身具有中国特色的唐装。当这样的合影被全世界的人们看到后，只要是华人聚居的地方，都掀起了一股唐装热，唐装在一时间成为一种时尚。

这样的现象不管是在顾客的家中还是办公室中，都会体现出来，销售员可以根据这样的现象看出，顾客容易受到别人思维的影响。顾客之所以愿意购买大家都买的东西，或是明星或名人使用的产品，完全是因为他们认为，大众也好，明星、名人也罢，他们都是聪明、敏锐而且有影响力的人，要是他们都愿意购买的话，那么顾客就会相信这件东西是物有所值的。因此，当销售员遭遇到了顾客冷淡的待遇，或是顾客对我们的产品并不了解时，利用"从众"心理向他们销售，是很有效的方法。

利用顾客的"从众"心理能够在很大程度上提高销售的成功率，但是销售员绝对不能用这种心理来哄骗顾客购买，使用"从众"心理的前提条件是自己产品的质量绝对经得起顾客的考验。

第 9 章

促进交易

——快速成交背后的 N 个秘密

紧紧抓住有决定权的人

制造紧迫感，促使顾客成交

假定成交，提高成交成功率

把握报价的最佳时机

为成交做好准备

向顾客传递爱的信息

学会识别成交信号

急于求成只能适得其反

紧紧抓住有决定权的人

在销售活动中，销售员要想促成每一笔交易，就要善于"找对人，办对事"。为什么这样说呢？因为对于顾客来说，他们决定购买一件产品，多数情况下会征求别人的意见，而那个被征求意见的人，往往具有很大的决定权。

如果销售员只盯着有购买愿望的顾客，而忽略了他背后真正具有决定权的人，那么很可能就会导致交易失败。

作为销售员，你或许有过这样的经历：一对夫妇来买衣服，妻子对衣服表现出极大的兴趣，而旁边的丈夫则一直沉默不语。在销售员看来，这位妻子很喜欢这件衣服，她应该具有决定权，于是便把所有的工夫都用在了说服妻子上。结果在快要成交的关头，丈夫一句"这件衣服不适合你"立即打消了妻子的购买欲望，从而使得整个交易宣告失败。

之所以会出现这样的情况，就在于销售员没有找到具有决定权的人。在销售中，销售员往往会遇到一家人一起出来购买的情况，这时候，就需要销售员找出谁是真正"当家作主"的人，谁更有决定权，只要能够说服此人，那么其他人也就不会有异议，最后自然也就可以成交了。

因此，销售员要善于从顾客的言谈举止中判断出谁是具有决定权的关键人物。每一个成功成交的案例，都是销售员在第一时间内判断出谁是最终决定购买的人，最后才使得交易成功。但是，要想找到具有决定权的人，并非易事，需要销售员长期实践、观察和总结经验的积累。销售大师乔·吉拉德就是在销售中不断总结经验教训，最后才掌握了这种销售方法的。

有一次，乔·吉拉德接待了一位顾客。通过聊天，乔·吉拉德了解到这位顾客还没有女朋友，至今单身，所以乔·吉拉德理所当然地认为，作为单身人士，不论衣食住行，还是选购商品，他本身就是唯一的决策者，没有人能够左右他的选择。

但万万没想到的是，这位顾客虽然明确地向乔·吉拉德表示，他有购买汽车的愿望，但最后却在另一家店里购买了汽车。乔·吉拉德十分不解，便私下询问顾客这么做的原因。顾客告诉乔·吉拉德说："我原本是打算从你手里买汽车的，可是当我把我的打算告诉母亲之后，她却不喜欢我看中的汽车的颜色，而恰巧你的店里没有那种颜色的汽车。为了让她老人家高兴，我只好去别的店买了。"

尽管乔·吉拉德与其他店有汽车互换协议，解决汽车颜色根本不是难事，但可惜的是，他自认为这位单身的顾客会有购买的决定权，却没想到背后还有一个可以左右这位顾客选择的母亲。这样一来，先机一旦失去，乔·吉拉德的互换协议也就派不上用场了。

通过这次教训，乔·吉拉德意识到，在销售过程中，找准真正具有决定权的顾客是非常重要的一件事情，一旦没有找准或者找错，那么就意味着之前的努力可能会白费。后来，乔·吉拉德通过分析发现，一般情况下，在一同前来的几位顾客中，具有决定权的顾客，其观点都比较明确，对看中的产品有着积极的态度，会率先发表意见，并提出要求；而另一方则多是附和、顺从，很少发表意见。

当然，这只是最常见的情况，还有的情况是顾客会互相商量。这时，销售员又该如何判断出谁才是真正具有决定权的人呢？一般来说，我们可以从以下两个方面来判断：

一、直接和销售员说"我说了不算"

销售员做完销售展示后，在得到了顾客这样的回应之后，就会下意识地认为，他必然不是最终决策者。但事实上，顾客否认自己不是决策者的时候，他未必真的做不了主。

在顾客直言自己不是决策者的情况下，通常可以分为两种情况：一种情况是他真的不是，那么，销售员就可以把销售重点转移到他的同伴身上；另外一种情况是，为了避免销售员的纠缠，他谎称自己不是。这两种情况不是立刻就可以分辨出来的，需要销售员仔细留意顾客之间的谈话，从而判断出谁是真正的决策者。

如果这种情况发生在销售员拜访顾客的时候，销售员就需要问一些问题，来寻找谁是真正的决策者了。一般情况下，真正没有决定权的人，都会说自己不是决策者，并会说出负责人的名字或是头衔；如果被询问者不愿意说出具体的名字或头衔，那么就意味着他可能就是真正的决策者。

二、一直不表明态度的顾客

有的顾客在销售员的多番询问下，对他是否是决策者的问题表现出不置可否的态度。如果遇到这种情况，为了避免引起顾客反感，销售员最好停止询问，在销售过程中留意顾客的表现，然后找出真正的决策者。

通常情况下，具有决定权的顾客会比同伴更加关心一些核心问题，比如他们会问一些细节问题：送货方式、付款细则、售后服务等。如果这类顾客依然不是真正的决策者，那么他的主动或多或少都会影响到真正的决策者。

需要注意的是，顾客之所以表现出模棱两可的态度，说明他们可能还有存在疑虑的地方。这时，销售员就需要通过询问找到问题所在，然后将其解决，这样就能保证交易成功。

其实，不论是销售，还是其他工作，要想做成一件事情，都要首先找到那个"能说了算"的人，这样才能高效地完全一件事情。同样，对于销售员来说，只有快速从一大堆人中找到真正具有决定权的顾客，才能达成交易。

制造紧迫感，促使顾客成交

不知道销售员在销售过程中是否有这样的体验：我们得像哄小孩那样，去哄顾客，只有让顾客高兴，我们的交易才算完成。有的时候，虽然在哄的过程中，我们表现得不露声色，不亢不卑，但内心深处却不喜欢这种被动的感觉。

更重要的是，过分"溺爱"顾客会让顾客养成坏习惯。所以，要想拿到销售的主动权，销售员就必须培养自己让顾客当天就能决定购买的能力。很多销售员出于不好意思或者为了表示自己的友好和理解，总会给顾客几天的考虑时间，等约定时间结束后再进行交易。而实际上，真正遵守诺言的顾客并不多，因为对于顾客来说，别说几天，甚至是几个小时之内，他们都有可能改变主意。而销售员这么做，就等于把主动权交给了顾客，很可能出现不乐观的结果。

在这个时候，销售员就要变得主动起来，适当给顾客增加一些购买压力。比如，销售员可以告诉顾客，自己的存货不多，要抓紧购买。这样的话往往可以起到"临门一脚"的作用，让顾客下定决心购买。

当然，有的销售员会认为，在销售中如果给顾客施加压力，会引起顾客的反感。但是我们要明白，如果我们不给顾客施加压力，促使他们购买的话，成交很可能就会在顾客的犹豫中失败。尤其是销售保险之类的产品，销售员如果不能未雨绸缪地说服顾客购买，而顾客在意外事故发生之后，才意识到购买的好处，那么一切也就于事无补了。

所以说，适当地给顾客一点"机不可失，失不再来"的紧迫感，不仅不是强迫销售，反而能起到促使顾客购买的作用。

事实上，从多数顾客的内心而言，他们也希望销售员能够在其拿不定主意的时候帮助他们下决心。如果销售员在这个时候不能做出一些举动来帮助顾客下购买的决心，他们可能永远无法说服自己购买。

因此，作为销售员，一定要让顾客在最短的时间内购买我们的产品。一旦决定，就不能给他留下任何反悔的机会。

当然，要做到这一点并非易事，销售员需要具有纯熟的销售技巧和处变不惊的能力。再者，我们销售的多数产品只能满足顾客的某一种需求，成交的机会是非常小的。除非我们的产品是顾客的生活必需品，他不得不向我们购买。然而，不论什么产品，在市场上都有和其功能相似的替代品，销售员销售的一定不是独一无二的产品。

在这种情况下，要想让顾客下定决心购买，就要通过各种销售方法传达给顾客一种信息，让顾客对产品产生迫切的需求。当顾客产生这种需求的时候，我们的成交概率就非常大了。让顾客产生迫切需求感的方式之一就是"限制供应法"。

乔·吉拉德在每个月月末的时候，都会打电话告诉自己的顾客下个月某种车型的价格将会涨价，如果对方非常喜欢这款汽车，那么他就会建议其这个月就来付款，否则一旦涨价，以后就很难用现在的价格买到这款汽车了。

当然，乔·吉拉德所说句句属实，他不会为了吸引顾客来买车而故意编一些谎话。当一些心动的顾客来的时候，乔·吉拉德会把公司对汽车调价的公告拿给顾客看。这样一来，顾客就会心无疑虑地购买汽车了。

这种方法在销售行业经常可以看到，比如某个化妆品店张贴出某个产品正在打折的广告，并且给出打折购买的期限，错过这个期限，顾客就无法享受打折优惠了。这样的销售方法，一般会给顾客一种紧迫感：如果没有在这段时间内购买产品，那么要想等到下次这个"捡便宜"的机会就不知道会是何时了。所以，最后多数顾客都会前来购买。

除了广告之外，"限制供应销售法"还可以在销售员与顾客见面交谈时应用，让顾客对我们的产品产生一种迫切的需求感。销售员可以告诉顾客，现在我们所销售的产品正处于新上市时期，现在低价出售，只是为了提高产品的知名度。这个时期一过，产品就会恢复原价，到那时，以现在的价格是绝对买不到的。

在股票行业，这一销售方法也经常被使用。乔·吉拉德曾举过这样一个例子：一位股票经纪人告诉自己的顾客："您好，我今天将去拜访您，因为如果您最近不购买通用公司的股票就太亏了。您知道吗，现在我们仅仅用40元就可以买进一股。这个价格低于最初价格5倍多！多么难得的时机啊！让我们抓住这个机会吧！我们可以用这个价格先收购3000股，我们得快，明天价格上涨后就不会有这么好的机会了！"

需要注意的是，销售员在说这番话的时候，其内心的想法就是希望对方尽快购买，但有时候需要其他语言作为过渡，这样一来，顾客才能觉得销售员不是在强迫他们成交。

比如，乔·吉拉德经常会对顾客说："您没发现我和其他的销售员不同吗？"

顾客听了常常都会好奇地问道："是吗？哪里不同？"

乔·吉拉德回答说："您没发现我没有强迫您购买吗？因为我并不需要靠强迫顾客购买来养家糊口。尤其是像您这样的顾客已经认识到了产品的优点，您根本没有理由不买。"

听到这里，顾客只会顺着乔·吉拉德的话说下去："是的，很棒的车，我非常喜欢。"

见时机成熟，乔·吉拉德便说："所以我根本没当自己是销售员，我把自己当成您的秘书在为您服务。我想您一定很欣赏我为您做的一切吧。"话说到这里，顾客还能说什么呢？当然是很欣赏了，接下来就顺其自然地签合同了。

在销售过程中，适当地给顾客一些紧迫感，能够有效地促使顾客下定决心购买我们的产品，但是要注意灵活运用，在顾客有些不适的时候，一定要快速做出反应，消除顾客的提防情绪，从而保证交易的顺利进行。

假定成交，提高成交成功率

我们每次在日常生活中都离不开消费，每年也要和不同的销售员打交道。如果我们观察仔细的话，会发现很多销售员都会使用"假定成交"销售法向我们销售产品。不论对方是否意识到自己在使用这种销售方法，不可否认的是，这确实是一种比较有效的销售方法。

所谓假定成交，是指销售员在没有征求顾客的前提下，多用反问的方式尽量销售自己的产品，或者直接用已经成交的口吻与顾客交谈。比如，我们在加油站给汽车加油的时候，如果遇到一些新手可能会问："加多少？"但如果是一些经验丰富的工作人员，通常的询问都是这样的——"加满吗？"后者使用的正是假定成交销售法。

当加油站的工作人员询问我们是否把油箱加满的时候，他既假定了我们需要购买汽油，同时，也假定了我们需要把油箱加满。这样询问的好处是，即使我们会犹豫一下，但也会考虑到，这次加满就等于延长了给汽车加油的周期，所以，我们一般会以"把油加满"来回应对方。

像这样的情况还有很多，比如，当顾客走进服装店的时候，他一定是有购买新衣服的需求；当顾客来到一家饭店的时候，他一定是感到了饥饿；当顾客来到一家超市时，一定是他缺乏了某种生活用品，所以必须购买一些……这些情况是任何人都可以想到的。因此，作为销售员，不论我们销售的产品是什么，我们都要明白这样一个道理：只要顾客愿意走进我们的店里，不论最后能否成交，至少他对我们所销售的产品感兴趣。

如果换个角度，这个道理依然能够站得住脚。当销售员去拜访顾客的时候，同样可以根据顾客接待我们的态度、倾听时的表情、提出的问题来做出一些假定：顾客对我们的产品是有一定兴趣的。之所以这么说，是因为如果顾客对我们销售的产品没有任何兴趣的话，不论我们的产品有多好，他都会直接拒绝我们的拜访。

当然，有人会认为，万一碰到一些素养比较高、又不愿意直接拒绝，而选择勉强接待销售员的顾客呢？这种情况当然会出现，但素质再高的顾客，如果他确实对我们的产品没有任何需求，他也绝对不会浪费自己的时间，必然会委婉地提出拒绝。

那么，问题就来了，销售员在什么时候运用假定成交才最为合适？乔·吉拉德面对这个问题，曾给出这样简洁的回答："当我遇到一个愿意听我介绍的顾客时，我就假定会成交，哪怕他只是停下来听我说了几句话。"这就是说，乔·吉拉德把每一位顾客都假定成会购买自己汽车的潜在顾客。

很多人认为乔·吉拉德的这种想法有些不切实际，实际上，乔·吉拉德的这种想法确实让他碰过很多次"钉子"。但他却不改初心，因为他认为，这些顾客从内心来说，还没有真正拒绝自己，只是需要他用足够的诚恳和理由，去打破顾客的心理防线并获得他们的信任。

所以，乔·吉拉德认为，说服顾客的前提是，把这些曾经拒绝自己的顾客当成重要顾客，这样他才能信心十足地介绍自己的产品。而很多顾客一开始就拒绝销售员详细的介绍，有时候并不意味着他们不需要这件产品，而是因为他们知道，在听完销售员介绍之后，他们可能就再也找不到理由来拒绝销售员了。乔·吉拉德对顾客的这一心理把握得十分到位，所以他在一开始就使用了假定成交销售法。

乔·吉拉德有一个朋友，是个非常专业的保险销售员，他曾和乔·吉拉德分享过这样一次销售经历。

一次，这位保险销售员和一位顾客约好见面，可到了见面的时间，顾客却迟迟没有出现。如果换作其他销售员，肯定会认为这位顾客是不愿意购买保险而故意爽约，于是便会选择放弃。

但这位保险销售员不仅没有放弃，反而假定这笔交易一定能够成交。他在第二天晚上给顾客打电话，并为昨天自己没有按时赴约向顾客道歉。而实际上，爽约的是顾客，这位销售员之所以这么说，无非是想赢得第二次销售的机会。

这位朋友的分享给了乔·吉拉德很大启发，在此后的销售中，不论面对如何难缠的顾客，只要对方开口说第一个字，乔·吉拉德都会假定这笔生意已经成交，然后信心十足地开始进行汽车的销售展示。乔·吉拉德认为，在一场交流中，假定成交的次数越多越好。

而在现实销售中，很多销售员只有在快要成交的时候，才假定这笔生意会成交，其实，这对销售员是很不利的。乔·吉拉德认为，要在说每句话、做出每个行动的时候，都假设顾客一定会购买自己的产品。在和顾客交谈的整个过程中，要不停地假设自己会成交，因为你只有这样假设，才会使得顾客在你的话语中开始假设自己将要购买你的产品。很多人称这种假定成交的方式为"给顾客洗脑"。

乔·吉拉德认为，作为销售员，如果通过轻微的"洗脑"，能够促使顾客购买他们所需要的产品，就是一举两得的事情，没有任何不妥当之处。

这种销售方法已经被广泛应用到各个销售领域，比如一些电视广告通过不断"轰炸"受众的感官和视听，使顾客对该广告留下深刻的印象。当某位顾客需要购买类似功能的产品时，从大脑跳出来的，首先是广告中的产品，它潜移默化地让顾客认为自己需要购买这件产品。这就好像顾客去电影院看电影的时候，电影院院里的滚动广告屏幕会不断播放"观看电影中您会感到口渴，请及时购买饮品"之类的提醒。这样一来，没有自带饮品的顾客一般不会再到外面购买，而是会选择电影院里的高价饮品。

同样的道理，当销售员通过暗示不断提醒自己这笔生意一定可以成交时，那么自然就会做出以成交为目的的销售行为。而这样的行为会潜移默化地对顾客产生一定影响，使他们最终决定向我们购买产品。绝大多数人可能都有这样的购物经历：当我们只为买一件外套走进一家服装店时，但当出来之后，我们就会发现，除了购买外套之外，我们还可能买了别的衣服，而这些衣服本来不在我们的购买计划当中。

实际上，当我们走进服装店之后，销售员就开始用假定的方式，认为我们不止会买一件衣服。在这种情况下，我们恰好又碰到除了外套之外的自己喜欢的衣服，以至于我们后知后觉地发现，我们多买了好几件衣服。

值得注意的是，运用假定成交的销售方式，并不意味着销售员不断凭暗示自己就可以促使顾客购买。要想使这个销售方法最大程度地发挥作用，还需要销售员掌握一些销售话术。很多销售话术，如果换一种方式表达，就可能产生不同的销售结果。乔·吉拉德曾经总结过以下销售话术，他认为这些话术适用于很多销售行业，而不仅仅局限于汽车销售。

"我会把发票直接寄到您家里，请您提供一下家庭住址。"

"您同意的话，请在左下角签名。书写的时候，麻烦您用力一些，因为复写纸上的签名需要清晰。"

"恭喜您，购买这个产品是非常明智的决定。"

"我们会马上安排工作人员把产品送到您家里。"

......

不论顾客最后是否做出购买决定，销售员一定要在这之前使用以上销售话术，表达的时候一定要流畅，这会不断给顾客一个"决定购买"的心理暗示。所以，对于销售员来说，与其询问顾客"您今天需要先付一些订金吗？"不如询问顾客"您今天想要预付多少订金？"

第一种询问方式会把主动权交给顾客，那么顾客完全可以找理由不交定金；而第二种询问方式直接表明了销售员的态度——要想购买产品，前提是必须付一部分定金。最后不论顾客会付多少定金，一旦预付，那么他几乎不会有反悔的机会，这也就意味着这笔生意已经成交了。

可见，不同的询问方式会产生不同的销售结果。所以，乔·吉拉德建议销售员将一些常用的假定销售话术记在笔记本上，空闲时间就可以拿出来练习。因为"看"和"说"是两件完全不同的事情，只有经过事先练习，销售员才能真正熟练地运用。比如，一位保险销售员经常会说："我马上就把您的名字填到汽车保险的保单上。"对于这类经常能够用到的话术，销售员应该烂熟于胸，以便在工作中随时取用。

销售员应该明白，我们对顾客说这些话的目的，并不是"刺探"顾客是否有购买的决定，而是当我们得知顾客有购买愿望的时候，我们要想尽一切办法来完成交易。乔·吉拉德的做法是，顾客第一次拒绝在订单上签字的时候，他不会与顾客在是否签字的问题上纠缠，因为他明白，越是纠缠越容易导致成交失败。所以，他会放弃这个问题，继续向顾客说一些关于汽车的话题，并最大可能地赢得顾客的信任，然后再尝试着请顾客签字。

如果顾客仍然不为所动，那么乔·吉拉德还会用其他办法来赢得顾客的认可。如果乔·吉拉德使劲浑身解数之后，顾客仍然在犹豫，那么他就适可而止，然后改变策略，对顾客这样说："在下个星期五之前，我会按照您的要求把汽车准备好，您下班之后可以直接把它开走，这样可以吗？"他也会这样说："有一款新到的优质防护漆，您的新车需要涂一层吗？"

只要顾客的态度有所松动，乔·吉拉德就适时地请顾客签字。反之，如果顾客仍然表示拒绝，乔·吉拉德依然不会放弃，而是会询问顾客对哪里不满意，然后做出改变，直到顾客满意为止。

纵观乔·吉拉德的假定销售方法，虽然有不少话术上的技巧，但我们看到的更多的是他永不放弃的精神，这才是最重要的。所以，销售员要有坚持不懈的精神，然后再运用假定销售法，把两者结合起来，最终赢得销售上的胜利。

把握报价的最佳时机

对于多数顾客来说，不论购买什么样的产品，他们首先考虑的都是价格问题。所以我们作为销售人员，一定要明白，在顾客探询价格的时候，一旦与我们产生分歧，就很容易使销售陷入僵局。因此，对于销售员来说，在销售过程中，应该掌握报价的最佳时机，否则就容易失去顾客。

在实际销售中，很多销售员由于没有掌握与顾客谈价格的技巧，往往会出现两种情况，一是直接丢了订单；二是虽然完成了交易，赚到的佣金却少得可怜。

销售是一份靠佣金增加收入的工作，如果销售员掌握不好谈价的技巧，要么直接拒绝顾客的降价要求，要么就是被顾客掌握了主动权，被迫把价格降到了离谱的程度。不论哪种情况，都会影响到销售员的收入。

长此以往，销售员的自信心必然会受到打击，再加上经济得不到保障，最后将不得不离开销售行业。

那么，面对顾客的价格询问，销售员该如何应对才能保证交易顺利进行的同时，又不让自己的利益受到损失呢？

一般情况下，顾客在还没有全面了解产品的时候，就开始急不可耐地询问产品的价格。这时候，如果销售员立刻回答的话，给出的价格很可能无法满足顾客的要求，从而导致交易失败。

正确的做法应该是，销售员通过详细的销售展示之后，顾客已经了解到了产品的价值，而且已经产生了购买的欲望，此时销售员再报价，顾客往往容易接受，即使还价，也是在小范围内。销售员在没有做好充分准备之前，绝对不可以报价。

对于乔·吉拉德来说，在多年的销售生涯中，他对在什么时候报价已经是了然于胸。在他看来，每个人都希望拥有一辆属于自己的汽车，但汽车毕竟是价格比较昂贵的产品，很多顾客都会在汽车的价格面前望而却步。针对顾客这样的心理，乔·吉拉德会选择自己最有把握的时候向顾客报价，从而打动顾客。

一般情况下，顾客来看车的时候，首先会向乔·吉拉德询问汽车的价格，以判断自己的经济能力能否承担得起。这个时候，乔·吉拉德从来不会正面回答顾客的询价，而是像什么都没发生一样，继续向顾客做销售展示。

当然，不乏有比较执着的顾客马上会不甘心地再次询问。这个时候，乔·吉拉德如果仍然不予理会，就显得失礼了。所以，乔·吉拉德一般都会这样回答顾客："请稍等一下，我们马上就要谈到价格的问题了。"然后继续进行销售介绍，直到认为顾客已经了解了汽车的价值，他才会报价。

有的时候，顾客会对价格过于关心，如果乔·吉拉德仍然没有回答他的问题，他就会第三次询价。此时，乔·吉拉德如果依然没有十足的把握，就依然不会给出价格。而一些销售员担心顾客会就此失去耐心，便在自己还没有十足把握的情况下，给出了一个刚出口就后悔的价格。

如果销售员再遇到这种情况，不妨效仿乔·吉拉德的做法，对顾客说："我希望能够让您多了解一些关于产品的信息，这样您才能知道这是一笔多么合算的交易，之后我马上就会谈到价钱。"然后继续用友好的语气对顾客说："您别担心，您一定会觉得物有所值，请先听我解释，可以吗？"

乔·吉拉德直到已经充分地展示了产品的价值，并且确定顾客已经了解到产品的价值之后，才会谈到价格的问题。但此时，他也不会直截了当地告诉顾客报价，而是先制造一些悬念。这样做的目的是加强顾客购买的意识，例如他会说："相信您一定已经喜欢上我们的产品了，等到您发现这笔交易真是物有所值的时候，您一定会激动不已的。"在稍作停顿之后，他继续说道："让您等了这么久，实在不好意思，现在我们就来谈谈价钱吧。"通常到了这一步的时候，顾客已经不再考虑是否根据产品的价格而选择是否购买了，而是想急迫地知道到底需要花多少钱才能买到这个产品。

乔·吉拉德建议每一个销售员在面对报价的问题上遵守以下几个方法：

一、初次报价不要报最低价

有的销售员为了留住顾客，开口就报很低的价格，这样的做法顾客未必会"领情"。销售员应该做到，在报价之前已经了解到竞争对手产品的价格，也了解了自己的产品在同类产品中所处的价格位置。

如果我们的产品价格偏高，那么就要找出价格偏高的原因，并向顾客说明。

如果我们的产品价位属于中等，就要找出产品与高等价位产品的相似之处，如果能在性能上与高价位的同类产品持平，就意味着我们掌握了价格上的优势，也就更容易说服顾客。

如果我们的产品价格偏低，就要考虑产品是否用了更加低廉的原料、新的制作工艺，因此降低了成本。

总之，不管怎样，销售员都要向顾客说明产品定价的依据，以表明我们报价的合理性。

二、先了解顾客的购买量

为了避免出现盲目回答，在顾客询价的时候，销售员需要和顾客进行深入交谈，以掌握顾客需要产品的数量以及质量要求，同时还要了解顾客是个人选购，还是企业采购代表。如果是个人，那我们的报价就可以适当低一些；如果是企业采购代表，我们就需要考虑顾客购买产品达到多少数量才能享受批发优惠价格。

三、销售员不要主动报价

如果顾客询价，销售员可以反问顾客他们心里希望价格是多少。这样反问的好处在于，销售员可以明确地知道顾客能够接受的价位。在掌握了这一点之后，销售员就可以报一款最低的产品价格，但要向顾客说明这款产品的优劣势所在，让对方明白"一分价钱一分货"的道理。

这三个方法既可分别应用，也可混合使用，因为报价永远是随机应变的，但销售员要遵守一个原则——要使这次交易的利润达到最低保障，如果低于利润的最低原则，就不如干脆放弃这次交易，毕竟销售员不能亏本与顾客达成交易。

为成交做好准备

优秀的销售员与顾客进行每一笔交易的时候，显得异常轻松，仅仅是和顾客谈一会儿，就让交易水到渠成了。其实，很多时候，我们只看到了他成功的表面，却没有意识到他背后的付出。

对于优秀的销售员来说，他所进行的每一笔交易，都事前做过充分的准备，如果没有准备，很难厚积薄发，取得销售上的成功。乔·吉拉德认为，作为一名专业的销售员，就要时刻为成交做好准备，"时刻准备着"并不仅仅是美国童子军的座右铭，它应当像纹身一样被刻在每一个销售员的胸口，以便提醒着我们要牢牢记住。

在实际销售中，销售员的桌子上都会准备一些白纸，用来随时记录关于顾客的信息。等与顾客快要成交的时候，再把这些信息登记到订货单上和贷款申请表上。这样的做法看似不错，也是很多销售员采用的方法。但是，乔·吉拉德从来不这样做，他时刻为成交准备着，因此，在他的桌子上放的不是白纸，而是订货单和贷款申请表。

乔·吉拉德在与顾客见面后，他会一边与顾客交谈，一边把了解到的信息直接填在表上。等交谈快要结束的时候，他已经把所有的表填写完毕，就等着顾客签字了。如果他也像其他的销售员一样，先把顾客的信息记在白纸上，然后再把这些信息重新登记在表格上，顾客可能会想到自己还有重要的事情要去办，马上告辞离开，这样一来，即使顾客表达了购买意向，但奈何各种表格没有填写完毕，所以顾客是不会签字的，这也就意味着这笔交易失败了。

所以，对于销售员来说，永远不要打无准备之仗，我们要在面对顾客之前做足充分准备，只有这样成交才能顺利进行。对于销售员来说，应该做好以下8项成交准备：

一、对交易中所有的谈话结果做准备

首先，在进行销售之前，销售员就要确定自己此次的销售目的是什么，比如，成交的金额是多少。同时对顾客的需求要有所了解，否则，不知道对方想购买什么类型的产品，就无法把产品销售给对方；其次，要明白自己的成交底线是多少，不能为了成交一味做出让步，这样就无法达到我们预期的成交金额。再次，事先设想顾客会提出什么样的异议，并准备好处理异议的预案。最后，要根据谈判的情况为自己拟定出成交所选用的方法。

二、做自己精神上的"打气筒"

很多销售员在成交的时候，都存在着心理障碍。这项准备就要求销售员克服这种心理障碍，在成交之前，做好心理准备。

不论顾客的气场如何强大，我们都要挺直胸膛告诉自己：我并不比别人差；我是最优秀的销售员；我是产品介绍的专家，能够解决顾客提出的任何问题……不论通过什么方式暗示自己，目的都是为了消除我们在成交时的紧张情绪。

需要注意的是，在成交的过程中，销售员要始终保持平和的心态，不能遇到一些强势的顾客就显得低眉顺眼；遇到气场不如自己的顾客，就显得高高在上。

三、为自己的知识做储备

这项准备就相当于战士上战场之前一定要磨枪一样，销售员在进行销售之前，也要掌握关于产品的一切知识，除了能够为顾客详细介绍产品之外，还要准备好顾客可能会问到的一些问题的答案，比如，我们的产品为什么要比其他同类产品价格高？如何保障产品的质量？售后服务可以信赖吗……

当销售员为以上问题做好准备之后，再与顾客进行交易，就会显得轻松自如了。

四、知己知彼

古话说"知己知彼百战不殆"，意思是如果对敌我双方的情况都能了解透彻，打起仗来就不会有危险。乔·吉拉德曾把销售比作一场战争，销售员如果想赢得战争的最后胜利，就要了解每一位顾客的背景，然后据此制定销售方案，这样才能增加成交的几率。

五、做好情绪上的准备

销售是一份需要激情的工作，对成交充满激情的销售员，最后多数都能促成成交。因为，没有人愿意和一个垂头丧气的销售员打交道。所以，在成交之前，销售员就应该调整好自己的情绪，使自己变得兴奋起来，以此来影响顾客的情绪，让顾客也以高昂的情绪与我们完成交易。

六、为赢得顾客的信任做准备

通常情况下，顾客在成交的紧要关头表现出犹豫，就说明在顾客的心中还是没有对销售员100%地信任。因此，销售员要在成交之前，努力树立起一个值得顾客信赖的形象。事实证明，优秀的销售员都会用80%的时间去建立可信的形象，而只用20%的时间去成交。可见，建立信任感在成交之前的准备中，是十分重要的一项。

七、为塑造产品价值做准备

价格是成交时的一大障碍，顾客之所以会认为产品价格高昂，通常是因为销售员没有把产品的价值塑造出来。销售员如果能够让顾客觉得产品物有所值，那么顾客对价格的异议就会减少许多。因此，销售员在产品价值的塑造方面一定要准备充分，这是促进快速成交的有效办法。

八、准备好竞争对手的资料

在成交之前，顾客通常把销售员介绍的产品与我们的竞争对手的产品做比较，以此来确定自己买哪一个会更划算。这就需要销售员提前准备好关于竞争对手产品的资料，并在合适的时候提供给顾客。当然，这些资料要和乔·吉拉德准备的一样，是关于竞争对手产品缺陷的资料，并且保证资料属实。别小看这些资料，它可以为成交除去许多障碍。

这个世界上没有随随便便的成功，纵观那些成功者，无不是前期进行了几年甚至是十数年的努力和准备，然后在某个机会面前一鸣惊人的。同样的道理，对于销售员来说，如果没有做好充分的准备就去面见顾客，就会让顾客觉得我们没有信心，从而难以顺利实现成交。

向顾客传递爱的信息

作为销售员，我们与顾客成交之后，还能记得住顾客吗？或者反过来说，顾客还会记得我们吗？实际上，对于很多销售员来说，与每位顾客都只会进行一次成交，交易过后，以后很难再取得联系，更别说让顾客记得我们了。

　　然而，对于乔·吉拉德来说，不论面对什么样的顾客，他都会尽力给对方留下一个深刻的印象。他曾自信满满地说："我打赌，如果你从我手中买车，到死你也忘不了我，因为你是我的。"

　　不要以为这是乔·吉拉德在"吹牛"，吉尼斯纪录的工作人员曾经对这句话进行过核实。他们在核实乔·吉拉德的销售记录时对他说："但愿你的车是一辆一辆卖出去的，最好别让我们发现你的车是卖给出租车汽车公司。"乔·吉拉德信心满满地说："我敢保证，我有他们每一个人的联系方式，你们可以一个一个地打电话核实。"

　　吉尼斯纪录的工作人员便试着给打电话给乔·吉拉德的顾客，询问是谁把车卖给了他们，所有人的回答都是一样的，卖车给他们的人就是乔·吉拉德，提起乔·吉拉德的他们更像是在提起一位老朋友。对于这样的调查结果，吉尼斯纪录的工作人员感到十分满意，因为乔·吉拉德没有说谎，他的车确实是一辆一辆卖出去的。然而在满意的同时，他们还感到不解，乔·吉拉德到底用了什么样的销售方法，能够令所有的顾客记住他呢？

　　对此，乔·吉拉德一直强调没有秘密，他所做的任何销售员都可以做到。这个诀窍就是 "爱"，仅此而已。每个月他要发出1.6万张卡片，在每一张卡片上都会写上"我爱你"三个字，"这不是一张普通的卡片，"乔·吉拉德强调说，"它们是充满爱的卡片，我每天都在发出爱的信息。"

　　就是通过这种方式，乔·吉拉德让每一位顾客都感觉到了他的爱意。乔·吉拉德发明的这一服务系统，被世界500强中的许多大公司所效仿，并且取得了非常好的效果。

　　对于顾客而言，他们更注重消费带给他们的感受，如果销售员能够和顾客形成亲密友好的关系，顾客看在这份"情"的基础上，也会购买我们的产品。

假如有一天你去拜访顾客，当你到顾客家门口的时候，忽然乌云密布，而顾客家的衣服还晾在外面。这时候你会怎么办呢？是赶忙跑进顾客的家中避雨呢？还是冒着被雨淋的危险，先跑去帮顾客收衣服呢？

如果销售员选择第一种，虽然这不会对我们的成交造成什么影响，但是也不会有什么好的帮助；但如果你选择了第二种，顾客见会十分感激，为了表示他对销售员的感谢，他会十分认真地对待我们的销售，最后，他也很可能出于感激而选择购买我们的产品。

这就是爱的力量，它可以直击人最柔软的内心。可是有的销售员恰恰不能明白这个道理，在他们的脑海中，似乎促成成交的方式只有不停地游说，从而完全忽略了顾客的情绪和感受，这样的销售员是比较自私的，也很难取得成功。

有这样一个故事：

一个家庭消防器材的销售员去拜访一位顾客。顾客四岁的儿子不幸走丢了，他们全家焦急万分地找遍了所有的大街小巷，都没有结果。他们不得不报警，而这位顾客则开着车到商店街去寻找，每到一个地方他都大声喊着自己儿子的姓名，周围的人见了，很多都加入到帮助他寻找儿子的队伍当中。

为了能够知道小儿子是否已经被找到，他不得不多次赶回家中去看。就在其中一次回家的途中，顾客遇见了这位销售员。这位销售员是打算当面向顾客销售家庭消防器材的。顾客心急火燎地告诉告诉销售员他的儿子走丢了，他现在必须去找回儿子。

那位销售员听后却无动于衷，没有任何表示，反而继续向顾客推销。这一举动激怒了顾客，他愤怒地对销售员说："如果你现在给我找到儿子，我保证会和你谈消防器材的问题！"

最后，顾客的儿子找到了，当然不是销售员帮忙找到的，结果可想而知，他是绝无可能向这位顾客推销成功的。

所以，对于销售员来说，不论我们销售的产品是什么，前提是要拥有一颗仁爱之心。只有心中有爱，我们在销售的过程中，才能处处为顾客着想，这样才能赢得顾客的信任和友谊，此时成交也就是一件水到渠成的事情了。

学会识别成交信号

在销售过程中，作为销售员的我们，如何判断出顾客有成交的愿望呢？是通过不断询问顾客，还是等待顾客主动表达自己有成交的愿望？

不可否认的是，这两种方法都能够得知顾客是否有成交的愿望，但这两种方法都不太高明，而且容易使销售员失去销售的主动权。如果询问次数多了，可能会引起顾客反感；如果一味等待顾客回答，那么顾客就会拖延成交，一旦如此，很可能就会出现变数，那么到最后，实现成交的机会也就变得渺茫了。

正因为如此，作为销售大师的乔·吉拉德在众多销售员眼中，他似乎是有什么魔法能够保证多年来一直保持如此高的成交率的。而事实上，乔·吉拉德和所有的普通销售员一样，没有什么区别。在鉴别成交信号上，他也没有特别的过人之处，他并不像许多销售员所想的那样，在销售方面有过人的天赋，可以读懂顾客的成交信号。

乔·吉拉德认为，很多天赋是与生俱来的，比如音乐、绘画等，但是没有人生下来就具备读懂购买信号的天赋，识别购买信号完全是一种后天培养的技能。在培养这种技能时，乔·吉拉德提醒每一位销售员首先要做到不存有任何偏见。

因为在实际销售当中，很多销售员常常会下意识地根据每位顾客的着装、工作、信仰等来判断顾客的性格、爱好、习惯等。销售员不是专业的心理学家，如果以此来对顾客进行判断的话，难免会造成一些误会，就如乔·吉拉德所说："当一位顾客既有钱又有购买意愿的时候，他的祖先是谁，他的肤色是黑是白，他的宗教信仰是什么都无关紧要。不要单纯地认为会计师就是性格多疑而保守的人，只对产品贵贱感兴趣；医生就是自以为是的人，喜欢受人崇敬，善于思考，不喜欢在自身领域之外做决定。这样的判断都会在交易中使销售员对顾客产生偏见，导致我们作出错误的判断。"

当一个衣着华丽、珠光宝气的顾客走进汽车展销大厅时，乔·吉拉德就会想这个顾客可能喜欢买那种刺激、新潮的车；如果在顾客的办公桌上看见一些小玩意的话，他就会想这个顾客可能喜欢一辆挂有艺术品的车。但不论怎样，顾客身边的一些事物总会向销售员传达一些信息，而这些信息仅仅是心里的预想，并不能作为我们进行销售活动的参考因素。

对于这些信息，销售员只能和顾客进行充分的交流之后，来证实这些信息是否正确。

同时，乔·吉拉德提醒每一位销售员，顾客的每一种表情和动作都有其潜在的含义，一定要密切观察顾客的明显变化，这样就能够发现一些有价值的信号。譬如，当销售员销售食品的时候，看到顾客的喉结不断上下攒动，我们就可以从中得出两条信息，一是顾客很饿，二是顾客有品尝美味的欲望。这属于比较明显的信号，但通常情况下，顾客购买的信号都是微妙的、不可言传只可意会的。

大多数情况下，购买信号的外表都罩着一层假象，很容易给人造成误导。如果这时销售员依旧不愿意放弃自己的成见，则很可能会导致交易失败。毕竟，我们只是销售员，而不是心理学家。一个销售员邀请乔·吉拉德观看他销售的过程，乔·吉拉德发现，那个销售员就犯了这样的错误。

在他的整个销售过程中，当顾客开始询问价钱时，销售员如实说出了价钱，顾客听后就拿出了一个演算本和一个计算器，开始在纸上进行计算。看到这种情形，那位销售员变得有些紧张而犹豫，说起话来也是拐弯抹角。

等到顾客离开后，他向乔·吉拉德抱怨道："你看他做了什么？我一看就知道他不是诚心来买汽车的，他只是随便看看，我打赌他会转遍这里的每一个车行，找不到价格最便宜的汽车，他是永远不会决定购买的。"

乔·吉拉德却不这样认为，至于顾客为什么要拿出计算器，这不必去研究。但至少有一点是可以肯定的，就是顾客拿出计算器来计算，说明了这辆车在他的考虑范围之内，不然他不会费神记下所有的数据。因此，乔·吉拉德告诉那位销售员，在判断购买信号的时候，要保持克制和谨慎，不要自以为是地去作出判断。

乔·吉拉德将顾客成交的信号分为语言信号、行为信号和表情信号3种：

一、表情信号

顾客的表情是很微妙的成交信号，常常稍纵即逝，因此需要销售员仔细地辨别。在所有的表情信号中，眼神是顾客最能直接透露购买信息的。如果商品非常具有吸引力，顾客的眼中就会显现出渴望的光彩。

除了眼神之外，还有一些表情能够体现出成交的信号，例如：嘴唇开始抿紧，好像在品味什么或者嘴角微翘；神色活跃起来；态度更加友好；之前造作的微笑变成自然的笑容；眉头不再紧锁，眉毛上扬。

二、语言信号

大多数情况下，顾客在与销售员商谈的过程中，通过语言来表现成交信号，这也是购买信号中最直接、最明确的表现形式，比较利于销售员发现。

当顾客为了一些细节问题不断地询问销售员时，这种刨根问底其实就是一种购买信号；当顾客由坚定的口吻转为商量的口吻时，就是购买的讯号；由怀疑的语气转换成惊叹的语气，也是购买的信号。归纳起来，可以分为以下几种情况：

请教产品的使用方法；提出一个更直接的异议；打听关于产品的详细情况；给予一定程度的肯定或是赞同；提出一个新的购买问题。

以上情况的发生，就说明顾客已经不再考虑了，而是准备购买了，所以销售员不能错过这个机会。应当注意的是，在语言信号中，顾客很可能会提出一些反对意见，但是反对意见也有两面性，一些是成交的信号，一些不是，这需要销售员根据自己的经验加以判断。

三、行为信号

当顾客表现出一些积极的动作时，比如很快地接过宣传手册，并认真地阅读，就是准备购买的信号；反之，当顾客表现出防备的动作时，比如双手抱胸，离销售员距离较远等，就是无效的销售反应。具体可以分为以下几类：

顾客点头表示赞许；用手接触订单；再次查看样品、说明书、广告等；身体比较放松；身体向前倾，靠近销售员。这些动作都能体现出顾客"基本接受"的态度，可以视为准备购买的信号。

乔·吉拉德提醒每一位销售员，这些技巧只能起到参考作用，因为实际销售过程是复杂且多变的，所以销售员还要根据具体的情况加以灵活的运用，这样才能不被前人的经验所束缚，从而总结出自己的销售经验。

急于求成只能适得其反

急于求成是很多销售员的通病。在顾客刚踏入店门，还没看清店里的环境时，销售员马上迎上前去劈头就问顾客需要什么。而此时，顾客虽然看清了店面的布局，却没有完全看完店里的所有产品，所以对于销售员有些着急的询问，在感觉难以接受的同时，也产生了就此离去的想法。

或许有人认为，这有些夸张，但作为销售员的我们也常常会上街购物，不知道是否有过这样的经历：当我们走进一家服装店的时候，不止一个销售员会直截了当地问我们需要什么，他们的脸上显现出的不是真诚服务，而是一副恨不得马上就让我们选择购买的急迫表情，而且可能更让我们无法忍受的是，当我们鼓足勇气在店里转一圈的时候，销售员始终紧跟在后，这一行为让我们心理压力倍增，之前那点购买欲望早已荡然无存，最后我们像逃一样离开了服装店。

现在反过来说，作为销售员的我们如果迫切希望顾客立马成交，除非顾客有非常明确的购买目标，否则基本上不可能成功。不管什么产品，顾客都有考虑和选择的权利。销售员如果表现得太过急功近利，只会引起顾客的反感，从而导致交易失败。

　　销售是一份需要付出极大耐心的工作，而急于求成不仅无益于成交，反而会成为逼走顾客的"导火索"。每一个人的时间都很宝贵，但这并不能成为销售员急于完成交易的理由。有经验的销售员都知道，促使一场交易失败最简单有效的方法，就是在成交的时候表现出急切。与其用相同的时间和几个顾客达到熟悉的程度，还不如用同样的时间认真对待一位顾客，这样就有机会赢得这位顾客。

　　在销售过程中，销售员如果发现顾客开始变得沉默不语，就会认为，顾客对产品的兴趣正在逐渐减少。在这种情况下，销售员通常会认为，如果自己闭口不言的话，顾客很可能会打消购买产品的念头。

　　但实际上，销售员大可不必如此，因为在此之前的销售介绍相信顾客已经认真听过了，如果这些不能引起他的兴趣，那么销售员做再多的补充介绍，也无法达到我们希望的效果。

　　乔·吉拉德每当遇到这样的情况，就不会再继续介绍下去，而是会向后退一点，转而问顾客一些和产品看似无关的问题。例如，如果顾客的年龄看起来和他差不多，他就会拿起一边的婴儿椅问顾客："孩子多大了？"一般情况下，孩子都是顾客的"软肋"。

　　这时候，顾客就会拿出孩子的照片给乔·吉拉德看，乔·吉拉德会一边仔细端详照片里面的小孩，一边称赞说："多么可爱的宝宝，您真是太有福气了。"这样的恭维通常会让顾客感到高兴，之前的防备心理就会放松下来。而这正是乔·吉拉德再次"进攻"的好时机。

　　当然，在这个时候，乔·吉拉德绝对不会和对方谈起自己的家庭，除非顾客有所要求，否则他绝对不会"蠢"到在顾客的面前夸耀自己的孩子有多么可爱，这样会让顾客认为他是在企图凌驾于自己之上，只能增强顾客的"敌对"情绪，对放松顾客的防备心理没有任何好处。

　　所以，销售员可以根据乔·吉拉德的经验，在顾客沉默的时候，试着去谈一些能够引起顾客兴趣的话题。比如，多数顾客来买车的时候都会开着现有的汽车，在顾客的车子里我们常常能够看出他的兴趣爱好等一些基本情况。比如，顾客的车子里面有鱼竿，那就说明顾客可能喜欢钓鱼，因此我们就可以和顾客谈论一些钓鱼方面的话题，然后找适当的机会再把话题引到汽车上面。

当然，除了车子以外，销售其他产品的销售员也能够在顾客身上发现一些有用的信息，只要我们用心去观察，万不可因为急于求成而吓跑了顾客。在销售过程中，销售员应该遵守以下原则：

一、与顾客沟通要保持耐心

最初与顾客接触时，可以说一些比较广泛的话题，目的是引起顾客的注意。而当谈判进入成交的阶段时，就要全力制造气氛迫使对方购买，这时候就需要销售员有足够的耐心。

通常造成销售员对成交没有耐心的原因有：主动放弃，即在没有成交之前，销售员在心里就认定顾客不会购买，因此不等顾客拒绝，他们就已经自动放弃争取成交的机会了。

此外，有的销售员自身就缺少耐心，因此面临成交的时候，若顾客迟迟不做决定，就会让他们失去耐心；为了节省时间，每个销售员都应该意识到，顾客的思考阶段并不是在浪费我们的时间，而是在为我们的说服工作提供机会。

二、保持心态平和

不论顾客最后决定是否购买，销售员都不应该为此表露出自己的真实情绪。因为我们把真实的情绪表现在脸上，如果顾客选择购买还好说，一旦顾客拒绝成交，那么销售员脸上的沮丧，甚是是愤怒的表情，只会让顾客下定决心不再购买。

三、不要急于降价

销售员往往会为了尽快促成交易而急于降价，甚至在顾客还没有提出价格异议的时候自己就主动出价了。这样的行为顾客不但不会因此而感激我们，反而还可能认为我们之前为产品塑造的价值是假的，产品的价格依然存在着下降空间。因此，在成交的紧要关头，不要主动提出降价。

四、成交后，不要急于离开

成交过后并不意味着销售员可以尽快离开了，也不是说我们可以坐下来和顾客促膝长谈了，成交之后，我们还需要和顾客承诺一些售后服务的事情，或者嘱咐顾客一些使用的方法等，一定要在顾客对我们的服务感到满意的时候才离开。这不是一项多余的举动，而是为下次继续合作赢得机会。

在销售行业中，销售业绩不理想的往往都是一些缺乏耐心、急于获得成功的销售员。俗话说：心急吃不了热豆腐。销售员只有处处保持耐心，不急不躁地进行销售工作，最后才能赢得顾客的信任，吃到属于自己的"热豆腐"。

第 10 章

坚持每月一卡

——售后是新销售的开始

售后是销售的开始

定期联系顾客才能有情感

比产品更重要的是服务

给顾客写封信

长期服务顾客，阻断竞争者

售后是销售的开始

　　很多销售员认为，销售在成交那一刻就结束了，但实际上销售结束的那一刻，往往意味着新的销售的开始。乔·吉拉德认为，销售是一个连续的过程，无法确定清晰的终点和起点。销售活动的某个部分看似结束了，但其实那正是下一个销售活动的开始。

　　销售结束是销售的开始，这句话意味着成交之后，销售工作依然没有结束，销售员还要继续关心顾客，一如既往地为顾客提供良好的服务，既要留住老顾客，又要吸引新的顾客。

　　而那些信奉"进来，销售；出去，走向另外一个顾客"这样的销售原则的销售员，在销售完产品之后，就不再理会顾客。当顾客的产品出现故障的时候，他们甚至会躲起来，以此来推脱自己的责任。这看似巧妙地解决了棘手的问题，事实上却是一种最糟糕的解决方式。

　　乔·吉拉德是绝对不会"过河拆桥"地对待顾客的。在成交之后，他做的第一件事就是把买车顾客的信息详细地记录下来，然后归档保存，方便日后与顾客联系。乔·吉拉德认为，不管自己卖的是什么车，维修问题和顾客的抱怨是很正常的事情，如果能够得到很好的解决，就会为自己带来更多的好处。

如果哪一天维修部的工作人员告诉乔·吉拉德，他卖出的汽车出现了故障，顾客已经上门维修了。此时，乔·吉拉德会立马找到顾客，安慰对方，并向其保证，一定会把汽车维修到让对方满意为止。

如果顾客的汽车在维修之后非但没有解决故障，问题反而变得更加严重，那么乔·吉拉德会代表顾客，与汽车修理人员、经销商以及厂家据理力争。对此，乔·吉拉德从来没有觉得勉强或内心有所不满，他认为这一切都是他的职责范围之内的事情。

每一个汽车销售员都避免不了销售出次品车，当顾客一次又一次地来维修汽车时，销售员感觉不耐烦的时候，不知道是否设想过这样的场景：他的一位顾客在向他人谈起刚买的汽车时，会不断抱怨销售员的不负责任，甚至发誓以后再也不会和销售员买车，同时也告诫别人小心别上当。

销售员如果做过这样的设想，那么就不会认为顾客来修理汽车是一件恼火的事情了。而对于这样的场景，乔·吉拉德早就想过。所以，他希望顾客在谈论起他时，可以这样说："乔·吉拉德帮我修的车比新车还棒。"

为了让顾客的车得到更好的维修，乔·吉拉德会主动和店里的每一位维修人员搞好关系，不时地为他们带一份咖啡，或者在他们的妻子生小孩的时候，送上一份礼物。当然，这些费用都需要乔·吉拉德用自己的薪水来支付，但是他认为这些付出是非常有必要的。

果然，乔·吉拉德很快就和那些维修人员打成了一片，平时见面都会友好地互相问候，有时候还会开个玩笑。这也为乔·吉拉德的售后服务工作省了不少力。假如有一天顾客来修车，这些维修人员得知是乔·吉拉德的顾客时，他们就会在最短时间内将车修好。如果遇到一些疑难问题的时候，他们又会不遗余力地寻找其他维修高手帮忙，以确保顾客得到应得的服务。

乔·吉拉德这样用心为顾客做好售后服务不是没有理由的，因为他深知，作为销售员，首要的目标是找到更多的顾客，而不仅仅是销售。顾客是保证销售的前提，要想找到更多顾客，留住老顾客是一个重要的途径。如果能将现有的顾客发展成老顾客，那么也就意味着以后的销售有了稳固的基础。

但在实际销售当中，有不少销售员为了寻找新顾客，而忽略了老顾客，不论这种举动是否出于无心，不可否认的是，这是得不偿失的。一位销售专家指出，失败的销售员常常是从找到新顾客以取代老顾客的角度考虑问题的，而成功的销售员则是从保持现有的顾客并且扩充新的顾客的角度上考虑问题的。为此，乔·吉拉德每个月都要寄出1万张贺卡，凡是从他手里购买汽车的顾客都会收到他的贺卡。

由此可见，乔·吉拉德在对待顾客的态度上，是一视同仁的。他不会因为顾客购买的是一辆价格比较昂贵的汽车，就给他多寄几张贺卡；也不会因为顾客购买的是一辆价格低廉的汽车，而不寄给他贺卡。不论顾客购买的汽车是怎样的，最后顾客都会在乔·吉拉德那里得到优质的售后服务。

通过以上的行为，我们不难找到乔·吉拉德一直在业界保持良好口碑的原因——他始终和顾客站在一起，把售后服务当作是一项长期的投资。他不会把车卖给顾客之后就弃置不管，他会用最周到的服务让顾客感觉到买他的车是能够放心的，因此也会一直惦记着他。

"销售的开始是在成交之后"这种销售观念，促使乔·吉拉德一直用心做好售后工作，促使他做了许多其他销售员不会做的事情。也正是因为他这样的真诚付出，顾客才向他敞开心扉，甚至与他成为朋友，这也正是乔·吉拉德获得成功的原因之一。

定期联系顾客才能有情感

怎么在产品销售之后，让顾客无法忘记销售员，从而促成下次成交的机会呢？这是很多销售员都考虑过的问题。答案是，定期与顾客联系。

"联系"两个字充满想象，在人际关系中，它传达的可能是恋人之间的情意绵绵，也可能是朋友之间的彼此倾述，它是增进感情的"调和剂"。恋人也好，朋友也罢，如果疏于联系，那么双方关系就会日渐冷淡，直至无话可说，形同陌路，彼此间的那点感情也会被消磨殆尽。

同样的道理，"联系"也适用于销售员和顾客。在销售中，很多销售员认为，把产品卖给顾客之后，还要定期与之保持联系，尤其是询问产品有没有出现故障，这简直就是自找麻烦。他们认为，如果顾客离开后就再也没有回来过，这才是最好的结果。

可事实真是这样吗？顾客没有再回来，而销售员又没有关于对方的任何消息，那么就说明，顾客的产品可能还没有出现故障。还有一种可能是，顾客遗忘了我们，所以他们自然也不会为我们介绍任何新的顾客。相比之下，后一种情况所带来的损失远比第一种情况带来的麻烦多得多。

由此可见，定期与顾客保持联系是多么重要了。销售员定期与顾客联系，就如同朋友或者恋人之间的联系，只有表达了自己的问候和关心，才能增进彼此感情。乔·吉拉德深谙此理，他从来不会和顾客失去联系，即便是买过车就没有露面的顾客，隔几个星期之后，他也会给顾客打回访电话。

乔·吉拉德深知和顾客保持联系的好处，第一点是便于做好成交的善后处理工作，能够使顾客感受到销售员提供服务的诚意，当产品出现问题时，也比较容易解决；第二点是在激烈的销售竞争中留住老顾客的同时，通过他们不断发展新顾客。

通常，乔·吉拉德会把打电话的时间放在白天，这样他就有机会和顾客的妻子聊几句。在电话中，他会问对方车子有没有出现故障，如果对方回答说没有，他就会说如果出现问题了，尽管到店里找他，他一定会竭尽全力帮忙。如果得知顾客的汽车刚出现故障，他就会仔细询问汽车出现故障的表现，并且要求顾客立马将车拖到店里维修。

询问完汽车的情况之后，乔·吉拉德还会询问对方有没有朋友有买车的意愿，如果对方恰巧说一位朋友想要买车，他就会问出那位朋友的电话号码及家庭住址，并且承诺会给对方一笔介绍费。在挂电话之前，他还会强调一下介绍费的事情。

当晚上丈夫回到家里后，妻子一定会把乔·吉拉德白天时候打过电话的事情告诉她丈夫。这时候，丈夫就会感到非常高兴，因为在他看来，乔·吉拉德应该和很多汽车销售员一样，拿到应得的佣金后就不再主动询问自己新车的状况了。而恰恰相反的是，乔·吉拉德一如既往地对待他，这让顾客吃惊的同时，也让他明白了乔·吉拉德是一个值得信赖的销售员，以后，如果他想要换新车了，一定还会找乔·吉拉德的。

乔·吉拉德的做法就是人们所认为的"销售精神"，即为了使自己成为优秀的销售员，一直保持与顾客的联系，取得让顾客满意的结果。

在与顾客的联系上，乔·吉拉德认为必须有计划性。首先，要在成交后及时给顾客发出感谢信，向顾客确认我们答应的发货时间，并向他们表示感谢；当货物发出后，要询问顾客是否收到了货物，以及产品是否能够正常使用。每隔3个月、6个月或12个月向顾客寄信，发布最新的产品开发信息，完成顾客满意度调查。顾客会很高兴销售员的这种做法，因为他们也希望能够买到越来越好的产品。

此外，要记住每一位顾客的生日，在他们生日那天，寄出一张生日贺卡；同时，还需要建立一份顾客和销售员所购买产品的清单，这样在产品价格或用途发生改变时，就可以及时通知顾客；如果在报纸或是杂志上面看到有顾客感兴趣的信息，也可以随时寄给顾客。还有一点，看似没有必要，却也十分重要，就是在产品保修期满之前，提醒顾客做最后一次检查。

在拜访顾客的时间上，销售员可以根据不同顾客的重要性、问题的特殊性、与顾客的熟悉程度等因素来确定。如果可以的话，可以把顾客分为A、B、C三类，根据他们的类型来确定拜访的时间。乔·吉拉德建议每一个销售员，把对自己最忠实的10名顾客的电话号码存在电话的单键拨号功能内，以便自己在空闲的时候问候一下。这样做就会时刻提醒我们和他们保持联系，了解他们有什么新的需求，看我们能否提供进一步的服务。

与顾客联系的方式也有很多种，乔·吉拉德最常用的就是信函、电话、贺卡，也可以通过走访或面谈等加强与顾客的联系；其次，还可以通过售后服务的方式与顾客加强联系；最后，也可以通过邀请顾客参加本企业的一些活动来加强与顾客的联系。

在销售中，维系一个老顾客比得到一个新顾客付出的代价要小得多，尽管维系这种关系比较繁琐，但许多感动正是来源于一些微不足道的事情。所以，作为销售员，要想赢得老顾客的情谊，就要经常与他们保持联系。

比产品更重要的是服务

相对于产品来说，服务是一种看不见摸不着的无形"产品"，从某种意义上说，销售员的服务做得好坏与否，决定着销售员能否在竞争激烈的销售行业中长期立足。

销售员可能有这样的感受，随着社会的发展，很多顾客除了关注产品本身之外，更注重产品的售后服务是否完善。有时候，顾客更愿意多花一些钱去买更优质的服务。就拿取得巨大成功的联邦快递公司来说，因为它所保证的跨地区或跨国界的准确、快速投递，大部分平邮信件能够在24小时内送达目的地，因此，顾客都愿意付出比一般平邮高出几十倍的快递费。由此可以看出，人们对服务的要求已经高于产品了。

乔·吉拉德也意识到了这个事实，知道了良好的服务更能打动顾客，所以他从进入销售行列之后，就一直很注重对顾客的服务。也正因如此，乔·吉拉德才能一次又一次地听到有人对他说，在来他的店里之前，已经去过很多家店，但最终还是决定来乔·吉拉德这里，原因就是在别的店里没有乔·吉拉德。

乔·吉拉德每当听到这样的话时，都认为这是世界上最动听的赞美。他之所以能够和顾客进行多次交易，原因就在于此，每一位顾客都对他提供的服务表示真心的感谢，是乔·吉拉德优质的服务赢得了他们的好感和信任。

销售的本质就是一种服务，这就要求销售员不断提升自己的服务质量，让顾客对自己的服务质量感到满意。事实向我们证明，这样做是很有必要的。乔·吉拉德的一位朋友曾和他分享过这样的亲身体验：

有一次，乔·吉拉德的朋友被一家服装店橱窗展示的西装所吸引，便不由自主地走进店里，销售员热情地接待了他，最后他购买了一套西装。从那以后，乔·吉拉德的朋友每年都会从这家西装店买西装，尽管他平时很少穿西装。他这么做的原因在于，那个第一次接待他的销售员总是会为他挑选最合适的样式、最合身的尺码，那个销售员知道他喜欢什么样风格的西装。有时，乔·吉拉德的朋友走进西装店后，销售员会很肯定地告诉他，没有他喜欢的款式，事实上也确实如此。

后来，那位销售员退休了，他再次走进那家西装店，新的销售员的态度十分冷淡，虽然他还试穿了一件衬衣。从那以后，他再也没有光顾过那家西装店。

朋友的经历让乔·吉拉德深刻地体会到了服务能够给销售员带来的利益是和销售员所付出的心血成正比的。一份数据调查报告显示，一些重视服务的公司会收取产品价格的10%作为服务费，但是他们的市场占有量也能每年增加6%；而那些不注重服务的公司每年要损失2%。

因此，乔·吉拉德会把卖给顾客一辆车作为长期合作关系的开端，在他看来，如果单辆汽车的交易不能带来以后的多次生意，他会称自己为失败者。为了成功，乔·吉拉德会提供高质量的服务，以使顾客一次又一次地回来买他的车。想一想一位顾客一生要买多少辆车吧，他所买的第一辆车，只不过是冰山的一角罢了，他们一生大约要花掉几十万美元去购车，如果再加上顾客身后的那250个人，这一花销将达到7位数，而这诱人的数字，都来源于销售员的优质服务。

那么，销售员应该怎样提供优质的服务呢？

首先，要充分了解顾客的需求。如果想要为顾客长期服务，就要经常研究顾客经营、使用产品的方法、程度，以及他对产品的需要程度。顾客在产生了购买动机之后，都会对产品进行仔细的研究，这时候，销售员不要因为顾客的细心而表现出不耐烦，而是要耐心地为顾客讲解产品的特点、好处、功能，大部分顾客都会被销售员的耐心感动。

第二，没有产品是没有缺陷的，当然产品的质量越好，所需要的服务工作就越少；但是如果需要服务的话，销售员所提供的服务一定要是最好的。销售员最好事先告诉顾客产品可能出现的状况，并告诉顾客怎样去避免。这样可以在体现产品质量的同时，体现销售员服务的周到。

第三，每一个销售员都应该有一个关于顾客什么时候会再需要购买产品的清单，比如乔·吉拉德会记下每一位顾客下次购买汽车的时间。与此同时，最好也记录下顾客可能会需要到的配件、零件等等，如果销售员能够把顾客都想不到的情况记录在内，及时提供服务，就会让顾客万分感激。

最后，面对顾客的抱怨，要有心理准备，能够对顾客进行有效的疏导，如果能够成功地化解顾客心中的不满，顾客就会更加信任我们。在销售工作中，"顾客永远是对的"这样的观念不无道理，销售员应该做到的是，尽自己所能为顾客解决他们所遇到的问题。况且，有时候抱怨之后，就会转化为友谊，没有顾客会忘记一个热心帮助他的销售员。

顾客都愿意和固定的销售员打交道，只要那个销售员能够一直为自己提供满意的服务。因此，每个销售员都要尽心尽力地为自己的顾客服务，不管是在销售过程中，还是在销售完成以后，服务都应该成为顾客选择我们的最好理由。

给顾客写封信

有一位网购达人曾分享过这样一次网购经历：

他在网上买了一件衣服，没几天快递便将衣服送上门。他开始像往常一样拆包装，结果除了衣服之外，还收到一封来自卖家的信。信里首先对他的购买表示了感谢，然后又保证，以后一定会努力为他提供更好的服务。

尽管感谢信是打印出来的，内容篇幅也不长，但对于这位网购达人来说，他感到很意外。因为自从在网上购物以来，他几乎没有收到过来自卖家的感谢信。这让他内心感到温暖的同时，也被卖家的诚恳所打动，之后上网购物的时候，他总会去这家网店逛逛。

这个故事带给销售员的启发是，销售员要想让顾客记住自己，在下一次消费的时候想到自己，就需要我们制定一项计划，保持和顾客的联系，这项计划就是写信。

对于乔·吉拉德来说，他每个月都要给他所有的顾客寄出一封信。他还会随信附上一张小卡片，卡片上一律写着"我爱你"。在卡片的里面，他会随时变化不同的内容，比如，1月份他会写上"新年快乐"，2月份他会写上"情人节快乐"，3月份他会写上"圣巴特利克节快乐"……

每年乔·吉拉德都会以这种方式使他的名字在顾客家出现12次，在他销售的后期，他已经平均每个月要寄出14000张卡片了。谁也不能准确说出一张小小的卡片能在顾客那里起到什么作用，但是有一点可以肯定的是，收到信件的人，最后多数都会成为乔·吉拉德的忠实顾客。

乔·吉拉德通过这种方式告诉了他的每一个顾客，他很喜欢他们，试问，有谁不愿意和喜欢自己的人继续交往下去呢？所以，在乔·吉拉德的所有生意里面，65%来自于和那些老顾客的再次合作，而在这中间起到关键作用的就是这些毫不起眼的信件。

但是有一点需要明确的是，不是仅仅写了信就可以留住老顾客，给顾客写信不是销售工作的目的，目的是让顾客看我们的信。对于写作能力较强的销售员来说，写信并不是一件难事，难的是怎样才能让顾客看我们写的信。

对此，乔·吉拉德有他的诀窍。首先，信在外观上就要吸引顾客。为了不让自己的信件和一些普通的广告宣传单混为一谈，他每次都会使用不同的信封，信封有大有小，颜色也不尽相同，这样就会引起顾客的阅读兴趣。

其次，他不会把公司的名字直接写在信封上，这样顾客就会好奇是谁寄来的信，那种感觉就好像在打牌时不知道底牌的感觉一样，会引起顾客的好奇心，从而保证自己的信件不会被顾客丢到垃圾桶里。当顾客拆开了乔·吉拉德的信，他们也不会有上当受骗的感觉。乔·吉拉德会在信中以一种亲切的口吻劝诱销售，这是一种"软销售"，顾客不会有排斥感，并且会谈论和记住它。

再次，在寄信的时间上，乔·吉拉德不会选择在每个月1号和15号的时候寄信，因为那时候正值电信或是银行寄账单的时候，避开这个时间，就不会让自己的信件淹没在一堆账单中。对于这一点，销售员可以借鉴乔·吉拉德的经验，再根据自己所在地区的顾客的生活习惯，自由选择。

通常情况下，能够考虑到这几点，就能够保证顾客会拆开我们的信阅读。想一想每个人下班以后回到家做的第一件事情是什么？他会先和自己的妻子（丈夫）和孩子打招呼，然后就会问道，他不在家的时候，有没有什么人找过他，或是有没有他的信件等。这个时候，也许孩子就会举着我们写给他的信，告诉他："爸爸，我们又收到来自××叔叔（阿姨）的信了。"

当他拆开信后，就会看见我们亲切的问候以及关于一些新产品的情况，之后，他就会把信上的内容告诉他正在做饭的妻子，也会被正在看动画片的孩子听到，他们也会参与到讨论新产品的行列中来。就这样一封信，却引起了全家人的注意，这样的销售员，还会被轻易地忘记吗？

当然，顾客也是理智的，他们不会为了一封信就跑到店里买我们几千元乃至几万元的产品，就算是几百块钱，他们也会慎重对待。如果因为这样，销售员就再写过一两封信后不再继续写，那么就真的无法吸引来顾客了。这是一项长期的计划，需要慢慢地渗透到顾客的生活中，当顾客把收到我们信当成一种习惯的时候，他们就会想着从我们这里买点什么了。

当然，在当今社会，写信似乎早已经是很久远的事情了，但越是如此，越能体现出写信的可贵。试想，当顾客收到我们的一封字迹工整的感谢信会有怎样的感受？当然是惊喜交加。

不过话又说回来，因为销售行业的不同，很多销售员没有条件像文中那位网店店主一样，利用为顾客邮寄衣服的时候捎带一封信。这时，销售员不妨选择折中，通过短信、邮件等方式给顾客写信。

需要注意的是，给顾客发短信或者写邮件时，销售员必须针对与顾客成交的情况，写得情真意切，切忌千篇一律。因为如果我们的感情不诚恳，那么是无法打动顾客的。

其实说到底，不论是亲手写信，还是发短信，都只是形式问题，最重要的还是销售员在内容方面是否真的出于真情实感，是否打动顾客。

长期服务顾客，阻断竞争者

对于销售员来说，我们都希望将每一位顾客发展成自己的终身顾客，这样既收获了顾客的友谊，也能保证自己衣食无忧。但要想做到这一点，不是采取一次重大行动就可以的，需要销售员为顾客进行长期服务。

正如乔吉·拉德所说："不断地用服务对顾客进行疲劳轰炸，竞争者就无可乘之机。一两次的大行动无法赢得终身顾客，只有永不懈怠地服务顾客，才能与之建立长久关系。如果你这么做，你就会被顾客视为可信赖的人，因为你永远随叫随到。"

长期服务顾客，说起来容易，可做起来就不容易了，这需要销售员长期坚持。只要能够长期坚持一项细小的服务，那么终有一天会金石为开，成功打动顾客。

一天，乔·吉拉德看见一位销售员正在不厌其烦地做定期清查存货的工作，只见他仔细地查看食品区的每一个货架，以确定公司的产品是否已经卖完或短缺。乔·吉拉德被他那股认真的劲头感染了，于是走上前去做自我介绍，然后便和那位销售员聊了起来。当乔·吉拉德称赞他工作细心认真时，那位销售员告诉乔·吉拉德，有一次他为了给顾客送40美元的油炸土豆条，驱车走了整整20英里。

这样的做法让乔·吉拉德很不解，因为这么小的订单对于销售员来说，基本上等于白干，几乎没有利润可言。结果确实也是这样，那位销售员非但没有赚到钱，还得自掏腰包给汽车加油，这也是公司要求他们必须提供的服务。但这位销售员认为，只要产品摆上了货架，他就希望永远留在上面。因此，即便是很小的订单，他也会尽力保证自己的服务让顾客满意。

为了弄清楚这位销售员所付出的是否和收获成正比，乔·吉拉德回到家后，第一件事情就是做了一个小小的调查。他发现那位销售员所在公司的油炸土豆条和椒盐卷饼这两种产品占了整个市场份额的70%。为此，乔·吉拉德还特意买了他们公司的油炸土豆条和别的公司的油炸土豆条做比较，他发现在味道上二者并没有什么区别。那么，他们公司能够占领市场70%份额的原因只有一个，那就是销售员的服务，而且是永久性的优质服务。

每一个顶尖的销售员都有一种坚定不移、日复一日的服务热情。不管从事什么职业，能够拥有这种热情的人，一定是他所在行业中的佼佼者。当我们用长期优质的服务将顾客团团包围时，就等于把我们的竞争对手阻断在了门外。

而这也是第一次购买乔·吉拉德汽车的顾客以后只要有需求还会继续向他购买汽车的原因之一，因为乔·吉拉德的服务使他们无法拒绝。曾有顾客开玩笑说："如果你买了乔·吉拉德的汽车，那么你只有出国才可以摆脱他。"

顾客的高度评价印证了乔·吉拉德确实把服务做到了无懈可击。而服务对于乔·吉拉德来说，就是一项责任和义务，是每一个销售员都应该积极去做的事情。对于销售员来说，无论我们销售的是什么产品，优质服务都是赢得永久顾客的重要因素。

销售员的工作并不是简单地从一桩交易到另一桩交易，把我们所有的精力都用来发展新的顾客，而是我们必须花时间维护好与现有顾客来之不易的关系，把为他们服务看作是自己的荣幸。

作为销售员，不要只从"我能获得多少利益"的角度出发，要知道，越是以这样的心态去工作，越难取得成功。只有摆正心态，认识到为顾客提供长久、优质服务的重要性，并坚持去做，慢慢地，我们就会发现，优厚的佣金也会随之而来的。

第11章

实施"猎犬计划"

——让顾客帮助你寻找顾客

"猎犬计划",让顾客自然心动

让"猎犬计划"从身边开始

寻找"猎犬"要用心

开发老客户这座"金矿"

把老顾客发展为"猎犬"

"猎犬计划"，让顾客自然心动

所谓"猎犬行动"就是指销售员在老顾客的帮助下，不断发展新顾客。乔·吉拉德认为，销售这个行业离不开别人的帮助，他的很多生意就是在一些老顾客的帮助下完成的。乔·吉拉德称这些帮助自己介绍新顾客的老顾客为"猎犬"。

每次成功交易之后，乔·吉拉德都不会立刻放顾客离开，他会把一叠名片和"猎犬计划"的说明书交给顾客，告诉顾客，如果顾客介绍别人来买车，成交之后，每辆车顾客会得到25美元的酬劳。几天之后，乔·吉拉德会寄给顾客感谢卡和一叠名片，以后至少每年都会给顾客寄一封附有"猎犬计划"的信件，提醒对方他的承诺仍然有效。

要知道，在那个年代，25美元已经是一笔不小的钱。所以，很多顾客收到乔·吉拉德"猎犬"计划书后，多数都会心动，自愿成为他的"猎犬"。

当然，乔·吉拉德在刚施行"猎犬计划"时并不是那么顺利，也会遇到一些意外情况，因为不是所有顾客都会心动并自愿参与到他的计划当中。比如，一位购买汽车的顾客，是一位收入很高的管理者，对于乔·吉拉德区区25美元的酬劳，他根本不会放在心上。所以，他宁可不赚这点酬劳，也不愿意大费口舌地说服周围的人从乔·吉拉德手里买车。

遇到这种情况确实挺让人为难，可是乔·吉拉德并没有放弃，如果这位管理者不接受他的"猎犬计划"，他会从这个群体中继续寻找下一个愿意接受计划的顾客。乔·吉拉德深知，这个群体里的顾客，多数都拥有广泛的人脉，如果能打动其中一位，那么他所发挥出的作用将会是普通"猎犬"的数倍。

很多人认为，乔·吉拉德所谓的"猎犬计划"太过功利，只把酬劳付给那些能为自己带来新顾客并达成交易的老顾客。其实不然，如果仅仅这样，乔·吉拉德也很难成为世界级的销售大师。他深知如果太过急功近利，是无法留住顾客并将其发展成自己的"猎犬"的。所以，从一开始，他就用自己的真诚打动顾客。每逢节日，乔·吉拉德都会给顾客邮寄信函和小礼品，以表达自己的问候和感激之情。而他给寄信的顾客的名单，是他从进入销售行业以来，一直积累的潜在顾客的名单。这是一个漫长积累的过程，而且要想让这些潜在顾客变成实际购买者，还需要付出金钱以维持与他们的关系。

常年坚持给顾客写信或者寄礼物，使得乔·吉拉德成功"俘获"了顾客的心。每一位顾客都很感动，认为乔·吉拉德虽然带着销售目的与自己联系，但他的关心和问候是真诚的。所以，一旦有需求，他们会第一个想到乔·吉拉德，也心甘情愿地加入他的"猎犬计划"。

要想得到什么，必须先付出代价，这是乔·吉拉德与顾客保持良好关系的方式之一。作为销售员，我们不能一味想着从顾客身上获取利益，要知道，利益是相互的，销售员只有懂得先有所付出，最后才能得到回报。

所以，乔·吉拉德认为，给顾客写信和寄小礼物等是一种明智的投资。虽然在获得实际利益之前，要先垫付信函和购买礼物的费用，但是，正如乔·吉拉德所说，通过这些信件和礼物，他除了获得了顾客的信任之外，还获取了其他的收益：一旦赢得了顾客的信任，那么顾客就会免费向周围的人推荐乔·吉拉德，这种口碑效应往往会取得良好的效果。

当然，除了写信和寄送礼物，乔·吉拉德的"猎犬计划"之所以能够成功，还有一个非常重要的原因，就是在实施"猎犬计划"的过程中，一定要信守承诺。乔·吉拉德始终坚持这样一个原则，即宁可错付100位顾客，也不能漏掉任何一个该支付的顾客。

乔·吉拉德内心非常清楚，在很多情况下，有的顾客贪图25美元的酬劳，随便介绍一些顾客过来，不论最后是否成交，他都会向乔·吉拉德索要酬劳。但乔·吉拉德依然照付不误，因为在他看来，只要信守承诺，在实行"猎犬计划"前期，经济上虽然会受到一些损失，但随着时间的推移，"猎犬"的质量会越来越高。

果不其然，乔·吉拉德的努力赢得了越来越多老顾客的信任，这些老顾客源源不断地为他带来了更多新的顾客。发展到后来，就像滚雪球一般，越来越多的顾客加入了他的"猎犬计划"当中。

到1976年的时候，"猎犬计划"为乔·吉拉德带来了额外的150笔交易，约占他全年总交易额的1/3。而在这个过程中，他付给所有"猎犬"的报酬仅仅是1400美元，他自己却多了75000美元的佣金。

通过乔·吉拉德的付出和收入，我们不难看出"猎犬计划"对于销售员的重要性。作为销售员，我们不妨从现在开始，发展属于自己的

"猎犬",只要能够信守承诺、长期坚持,我们终有一天会赢得顾客良好的口碑,从而获得巨大的成功。

让"猎犬计划"从身边开始

作为销售员,我们已经知道,乔·吉拉德的"猎犬计划"确实能发挥重大作用,能为我们带来良好的销售业绩。可是,如果仅仅通过一些老顾客来发展新顾客,有时候未必能及时找到一些优质的"猎犬"。要知道,销售员必须将"猎犬"发展到数量庞大的规模,才能保证持续不断地交易。

面对这种情况,就需要销售员走出去,去外面寻找"猎犬"。在乔·吉拉德看来,理发师就是一个值得开发的最佳"猎犬"群体。和销售行业不同的是,理发师不需要自己开发顾客,顾客如果有理发的需求,就会自己找上门来。对于理发师来说,他们每天需要和形形色色的顾客打交道,如果把理发师发展为"猎犬",那么他背后的庞大顾客群体也就能为销售员所用了。

因此,乔·吉拉德每次理发的时候,都会光顾不同的理发店。在理发的过程中,他会主动和理发师聊天,然后找个合适的机会介绍自己的职业,并向对方说明"猎犬计划",希望打动对方加入自己的"猎犬计划"。

为了能够成功将理发师发展成为自己的"猎犬",乔·吉拉德还特意订做了一批小标牌,就是一个简单的卡片配上一个小框架。卡片上写着：欢迎向我咨询本地最低的汽车销售价格。

每次理发的时候，乔·吉拉德都会送给理发师这样一个小标牌，然后解释付给"猎犬"25美元的办法，并留下一沓名片。通过这样的方式，当顾客来理发的时候，看到那块小标牌之后，都会主动询问。此时，理发师就可以与顾客进行交流，如果得知顾客有购买汽车的需求，理发师就会把乔·吉拉德推荐给他。这个顾客离开后，十有八九会去乔·吉拉德的店里看看。

只要有顾客主动找来，那么就增加了成交的概率。通过这样的方式，乔·吉拉德几乎把所在城市所有的理发师都发展成了自己的"猎犬"。对于理发师来说，他们也十分乐意和乔·吉拉德合作，因为他们只需要在与理发的顾客闲聊的过程中，顺便向顾客推荐乔·吉拉德，就能赚到25美元，轻松又愉快，何乐而不为呢？

除了理发师，乔·吉拉德还会发展一些拥有丰富人脉资源的顾客成为自己的"猎犬"。面对不同的人群，乔·吉拉德会用不同的方式说服对方加入"猎犬计划"。比如，他不会把小标牌发给所有人，因为在彼此第一次见面的情况下，难免会有一些提防情绪，如果这时试图将小标牌发给对方，可能会引起对方反感。

乔·吉拉德曾在演讲中分享过这样一个例子：

在乔·吉拉德工作的城市里，有一家规模巨大的制药公司。这家公司里面有好几位医生都是乔·吉拉德的"猎犬"。而且，这些医生能为乔·吉拉德提供新顾客的数量是其他"猎犬"的数倍。

这是因为这些医生不仅社会地位较高，而且收入不菲，每个人至少拥有两部汽车，他们的交际圈也比较广泛，经常出差或者与其他医院的医生进行交流学习。这样，把握住一个医生，并通过医生利用自己的交际圈不断延伸拓展，乔·吉拉德最后就等于拥有了整个医药行业的庞大人际关系。

同时，乔·吉拉德还有一个有趣的发现，就是这些医生虽然拥有不少财富，但他们几乎都不满足于现状，希望能够赚到更多的钱。因此，他们会利用一切机会向别人推荐乔·吉拉德，以得到相应的报酬。

很多销售员看到这里，不禁会产生这样的疑问：像理发师这类介绍人寻找起来容易一些，可是像医生这类优质介绍人又该如何寻找呢？关于这一点，乔·吉拉德也毫无保留地分享了出来。他的一个重要做法就是，想办法认识一些有资格提供汽车贷款的机构里面的工作人员。这些工作人员与他所从事的汽车销售息息相关，假如一位顾客想购买汽车却无法取得贷款时，此时，贷款机构的工作人员，如果将这位顾客介绍给乔·吉拉德，由他替顾客解决贷款的问题，那么就能在促成这笔交易的同时，贷款机构的工作人员也拿到25美元的酬劳。

对于销售员来说，发展自己的"猎犬"的时候，要根据不同职业、不同阶层的人，采用不同的发展方式。在这个过程中，需要销售员不断地摸索、尝试，最后才能将身边所有的人发展成自己的介绍人。

寻找"猎犬"要用心

在现实生活中，我们常常会听到有人抱怨说，因工作没做好经常遭到上司的批评。经常这样抱怨的人，往往会把做不好工作的原因推到外界，比如工作难度大、顾客要求高、工作太过琐碎等。总之，不论找什么样的理由，他们都不会从自身找原因。其实很多时候，工作做不好，只是自己不够用心罢了。不论什么工作，如果不用心，我们永远只能拿最低的薪水，这是非常公平的。

就拿销售这个行业来说，很多人认为这份工作薪水少，工作压力。可有句老话说"一流人才做销售"，可见并不是这份工作有多么不堪，只要用心去做，我们都可以成为销售中的一流人才。

对于乔·吉拉德来说，他所从事的就是很多人不屑的销售工作，可他最后却成为世界上最成功的销售员。他取得成功的原因并不是他本人的天赋或者运气，而是他对这份销售工作的用心。一个人一旦对工作用心，那么他自然会不断做出创新。

在"猎犬计划"的实施过程中，尤其能够充分体现出乔·吉拉德的用心。在多年的销售生涯中，乔·吉拉德积累了很多在贷款机构、银行或者财务公司工作的人，他会通过这些人拿到一些有资格发放汽车贷款的人员的名单，或者从买车的顾客手中的批件或者支票上弄到这些人的名字和联系方式。

每卖出一辆汽车，乔·吉拉德都会给这些贷款机构的员工打电话，告诉对方卖出了一辆什么样的车，表示能和对方以及对方所工作的机构之间进行合作而感到愉悦，并邀请对方出来一起吃个便饭。不论对方在哪里上班，他都会说他刚好要去他们公司附近办事，然后顺理成章地邀请对方一起吃饭。

很多销售员认为，对顾客说尽好听的话，已经是销售的极限了，为什么还要自讨腰包去请一个陌生人吃饭呢，况且，谁能保证他们能为自己带来新顾客呢？但乔·吉拉德不这么认为，在他看来，就算这顿饭花费了50美元也没关系，他会把它当成是一笔投资。倘若因为这顿午饭使得自己多销售了一辆汽车，那么最后算下来，自己就会赚到一笔不小的钱，而这顿饭不过是所赚到的钱里的一个零头罢了。

当与对方在饭店见面之后，乔·吉拉德会直截了当地向其介绍自己的"猎犬计划"，并再三叮嘱对方，只要能帮他卖出一辆汽车，对方就可以得到25美元酬劳。所有这一切，只需要成交的顾客拿着一张有对方亲笔签名的乔·吉拉德的名片就好，或者是用电话直接联系的方式告诉乔·吉拉德自己介绍了一个人过去买车。

为了成功说服这些人成为自己的"猎犬"，乔·吉拉德还会告诉对方自己的销售业绩，以证明他有能力为顾客提供这笔酬劳。他甚至还会告诉这些人，自己所销售的汽车绝对要比其他销售员的价格便宜，这样一来，就使其他试图发展这些人的销售员失去了竞争力。

这些贷款机构的员工终于相信乔·吉拉德，并愿意加入他的"猎犬计划"之后，一旦有机会，他们就会帮乔·吉拉德介绍顾客。比如，当一位顾客拿着从某个汽车店的订单来贷款机构办理贷款手续的时候，贷款机构的员工就会看看整车的价格，之后找些借口暂时离开，却在另一个空房间给乔·吉拉德打电话，将申请贷款顾客要买的是什么型号的汽车、需要哪些附带的配备、总价是多少等情况告诉他。

得到这些情况之后，乔·吉拉德马上就会计算自己销售同样的一辆车时的价格，如果自己能给出更低的价格，他就会让贷款机构的工作人员告诉顾客，他这里有一辆和顾客要买的车相同型号的汽车，而且价格要便宜50美元。

对于顾客来说，50美元已经有足够大的吸引力让他去乔·吉拉德的店里看看。乔·吉拉德为什么将差价定在50美元？这是因为如果差价太低的话，是无法吸引顾客的，顾客很可能在其他店里付了20美元的定金。所以，一旦顾客听说有50美元的差价，他宁可舍弃那20美元的定金，也要去乔·吉拉德的店里买车。更重要的是，贷款机构的员工也能从中赚取25美元酬劳。所以，在与顾客的交谈中，贷款机构的员工会有意无意地夸赞乔·吉拉德是一个值得信赖的销售员。

看到这里，很多人可能会产生这样一个疑问，如果顾客真的为了50美元的差价来乔·吉拉德的店里购买汽车，乔·吉拉德真的能够为顾客提供他需要的一模一样的汽车吗？对于这个问题，乔·吉拉德通常会说："既然我努力让顾客来到这里，难道我会轻易放他们走吗？"这个反问既回应了那些提出疑问的人，又表现出他强大的自信心——即使我手里没有现成的汽车，我也会想尽一切办法弄到顾客需要的汽车。

所以，当与贷款机构的员工结束通话之后，乔·吉拉德会马上查看库存，看是否有顾客需要的车。如果运气好的话，刚好有一辆汽车符合顾客所有的要求。反之，如果没有的话，乔·吉拉德也不会慌张，因为他与其他汽车店有过互相帮助的协议，所以他会去其他店里寻找一辆符合顾客要求的汽车。

这样一来，当顾客真正来到乔·吉拉德的店里后，会发现果然有一辆符合他要求的汽车，同时也印证了那位贷款机构的员工所言不虚，这辆汽车确实比其他汽车店的要便宜50美元。就这样，顾客就会愉快地选择和乔·吉拉德成交。

乔·吉拉德在贷款机构员工的介绍下，顺利成交了一笔生意。手段高明，令人不得不叹服，但同时，我们不难发现，他的这种行为简直就是从其他销售员那里"抢"顾客。虽然是"抢"，但这又不同于恶意竞争，乔·吉拉德只是通过压低汽车的价格来争取顾客，并没有什么不妥。

销售行业历来如此，要想在激烈的竞争中脱颖而出，就需要销售员开动脑筋，想尽一切办法来争取顾客。乔·吉拉德之所以能够促成这笔交易，在于他寻找到了优质的介绍人。可见，寻找"猎犬"并不是一件简单的事情，需要销售员用心且有耐心。乔·吉拉德不论是在工作中还是在生活中，随时随地都在寻找合适的"猎犬"。

比如，在加油站给汽车加油的时候，乔·吉拉德会和加油站的员工聊天，尤其是那些承包修车业务的员工，他会利用大量时间和这些人进行交谈。为什么呢？因为这些有修理汽车业务的员工在维修汽车的时候，经常会看到大量快要报废的汽车。

当一位顾客来修理汽车的时候，却得知汽车需要大修，维修价格是500美元。一般情况下，顾客会打消修理的念头，计划购买一辆新车。此时，如果顾客表示暂时不想修理的话，修理工只需要说几句话，就能给乔·吉拉德介绍来新的顾客。

即使顾客最后没有拿着修理工给他的名片来找乔·吉拉德，修理工也没有什么损失，毕竟顾客已经放弃了对车辆的维修。如果顾客真的去找乔·吉拉德买车，那么修理工仅仅说了几句话就得到了乔·吉拉德25美元的报酬。

除了将汽车加油站的员工发展为自己的"猎犬"外，乔·吉拉德认为，寻找优质"猎犬"还有两个好去处，就是拖车行和车身修整店。这两个地方的很多员工也是乔·吉拉德"猎犬计划"的成员。这些员工经常能接触一些出现重大事故且无法修复的汽车。这些车主除了可以得到保险公司的一大笔赔偿之外，肯定会购买新车。此外，乔·吉拉德还会把保险公司从事故障理赔的员工发展成为自己的"猎犬"。

纵观乔·吉拉德实施"猎犬计划"的过程，我们不难发现，他一步步地将"触角"伸到关于汽车的各个行业，从而使自己的"猎犬"成员不断得到扩张，保证了自己的销售业绩。所以，作为销售员的我们，不妨效仿乔·吉拉德的做法，开始用心发展属于自己的"猎犬"，到那时候，我们就会发现，销售是一份具有成就感且收入颇丰的工作。

开发老客户这座"金矿"

很多销售员认为，购买过产品的顾客已经不重要了，因为等他们下次购买不知道要等到什么时候，所以他们会忽略掉老顾客，投入到新顾客的开发当中。

其实，这种做法是得不偿失的，如果我们能与老顾客保持良好的关系，即使他们暂时没有购买的意愿，他们也会充当"猎犬"的角色，把身边的人介绍给我们。所以，对于销售员而言，最好的顾客就是老顾客。销售员要想拥有更多的新顾客，首先就要做到维系好老顾客。据调查显示，一个老顾客带给销售员的好处可以归纳为以下3点：

1. 在销售员的销售业绩中，90%的销售业绩来自于10%的顾客。多次光临的顾客比初次登门的人可为销售员带来20%~85%的利润。

2. 维系老关系比建立新关系更容易。搜寻一个新顾客所要的时间和费用是保持现有顾客的7倍，对一个新顾客进行销售所需要的费用远远高于一般性顾客服务的相对低廉的费用。因此，老顾客可以节省销售的费用和时间，是降低销售成本的好办法。

3. 只要有老顾客的存在，就会有源源不断的新顾客。按照乔·吉拉德的"250定律"，我们每失去一个老顾客，就等于失去了他身后的250名潜在顾客。如果我们不能做到持续关心老顾客，老顾客就可能被竞争对手抢去，这对我们造成的损失是巨大的。尤其在当下的销售环境来说，重新发展一位新顾客所付出的成本，要远远高于维系老顾客所需的成本。所以，与其盲目地发展新顾客，还不如用心维系好老顾客。

对于乔·吉拉德来说，在多年的销售生涯中，他一共卖掉十几万辆汽车，他已经无法计算出购买汽车的顾客当中究竟有多少是老顾客。因为他的生意多是老顾客促成的，所以他意识到了老顾客的重要性。为此，他特意把每一位老顾客的信息都记录在档案里，每当这其中一位顾客再次来购买汽车的话，他就会把顾客购买汽车的时间记录在档案上。每隔一段时间，他就会打电话给这些顾客，向他们问好。

这花去乔·吉拉德不少的时间和费用，但是他认为这是值得的。正如日本松下电器创始人松下幸之助所说："好好留住一位客户，可就此增加许多顾客。失去顾客，即丧失许多生意上的新机会。"因此，销售员要经常和老顾客联系，关心他们的动态，不要等到需要他们的时候，才想到和他们搞好关系，那时已经为时已晚。

与老顾客经常保持联系，不仅仅是为了表示出销售员对他们的关心，同时也是为了确认对方对我们的态度是否还像原来那么热情；如果稍有冷淡，就说明顾客可能没有继续购买我们产品的意愿，这是一个危险的信号，销售员要加以注意。

通常情况下，如果顾客突然减少订货或是终止订货，销售员一定要问清缘由。如果对方不愿意说出原因，或是有所隐瞒，就说明他们很可能被竞争对手抢走了。销售员进一步询问关于竞争对手的情况，顾客如果坦诚相告，那么就证明对方依然是忠于销售员的。而当顾客闪烁其辞时，就说明他的决心已经开始动摇了。

如果顾客不再像以前一样需要销售员提供大量的帮助，这就说明销售员与顾客的关系开始变得冷淡。销售员可以把此当作老顾客发出的危机信号，一定是我们某些地方没有做到，从而引起老顾客的不满，所以他们才会选择疏远我们。

面对这种情况时，不要慌张，要冷静地查清具体的原因。多数情况下，我们可以通过顾客了解到对方不愿意和我们继续合作的原因；如果顾客不愿意说，我们就需要通过其他的渠道进行了解。

通常情况下，顾客不愿意与销售员继续合作的原因有：销售员的产品失去竞争力，比如价格方面可能要高于竞争对手；顾客的经济条件出现了问题，希望通过这种方式获得一些优惠。

当销售员得知顾客冷淡我们的原因之后，就可以对症下药，解决问题了。很明显的是，之前与顾客合作的方案已经不能够继续应用了，销售员只能根据顾客的需求，另行制定一套合作方案，从而促使对方与我们继续合作。同时，销售员还要动之以情，晓之以理，多提一些以往与顾客之间的友好感情，希望顾客能够看在过去良好的友谊上，继续和我们合作。

总之，为了能够留住老顾客，销售员与其在危机爆发后力挽狂澜，还不如在一开始就想办法留住顾客，避免将来危机的爆发。销售员可以借鉴以下几个留住老顾客的办法：

一、对于第一次成交的顾客，要在第二天寄一封感谢信给对方，感谢对方购买我们的产品；

二、记住顾客的生日，在每年他过生日的时候寄上一张贺卡，相信顾客会很感激我们为他做的这一切。这样也能保证我们和顾客至少一年联系一次。

三、熟悉顾客的家庭住址或公司住址，并且画出线路图，使每一位顾客的住址都能在线路图上显现出来，然后根据这张图，在去拜访顾客的时候，顺道拜访一下那些不经常购买产品的顾客；

四、如果顾客不经常购买，销售员可以进行季节性的拜访。

总之，销售员要想不断提升自己的销售业绩，就要赢得老顾客的信任和支持，让他们成为我们真正的"衣食父母"，从而为我们自己赢得更多成功的机会。

把老顾客发展为"猎犬"

作为销售员，我们都希望自己能够拥有越来越多的顾客，因为这意味着自己的业务量会越来越多，赚取的佣金也会水涨船高。要想做到这点，就需要销售员为自己建立一个稳定的顾客网络。

然而，很多销售员完成一笔生意后，很快就把老顾客忘得一干二净，没有及时与他们建立感情，顾客自然也不会帮助我们介绍其他人来。但对于乔·吉拉德来说，每隔一段时间，他都会给买过汽车的顾客打回访电话，一方面询问对方汽车的使用情况，另一方面询问顾客身边有没有朋友或者亲戚需要购买汽车。如果对方说有的话，他就会想办法把那个人的电话、住址问清楚，并且立刻在记事本上记下来。

不管是面谈中，还是打电话的时候，包括在信件中，让现有的顾客帮助介绍客户已经成为乔·吉拉德的习惯性动作。他知道，销售员个人的力量是有限的，如果想要拥有更多的顾客，他就只能运用"250定律"，通过一位顾客去发展对方背后的250个人。这样的方法更加省力而且更加有效。顾客的介绍不仅让我们多了一个助手，而且由他们去说服新的顾客，也比我们有说服力。

乔·吉拉德对这一点深信不疑，他曾说，只要是买过他汽车的人都会帮助他销售。每一个买他汽车的人肯定有不少有买车愿望的朋友或者亲戚，经过他们介绍新顾客省心又省力，并且乔·吉拉德会付给对方25美元的介绍费，这样就能形成一种良好的合作关系，可谓是双赢之举。

如果我们的顾客当中有"来头"比较大的顾客，那么销售员就要用心对待了。往往"来头"比较大的顾客都比较有影响力，如果我们能让这样的人物帮助我们介绍顾客，就能够达到事半功倍的效果，乔·吉拉德称这种方法为"中心开花法"。

使用这种方法，销售员就可以集中精力向极少数中心人物做细致的说服工作，而不必反复说服每一位顾客，在一定程度上节省了销售员的时间和精力。同时，中心人物往往也是"领袖"人物，经过他推荐的产品，大家也容易信服。

但是这种方法也存在着一定的缺点，很多中心人物都是自主性比较强的，在做说服工作上会有一定的难度。同时，中心人物是不容易接触到的，需要销售员付出很多时间和精力去发现和发展。如果销售员想要运用这种方法，关键在于要取得中心人物的信任和合作。与此同时，销售员也不要忽略了运用其他顾客来帮助我们寻找新的顾客。在我们要求顾客为我们介绍新的顾客之前，我们要做到以下几点：

首先，诚信要摆在第一位

顾客愿意相信我们，是因为我们给他留下了诚实的好印象。顾客的朋友之所以愿意听从他的介绍来购买我们的产品，说明他们信任顾客。如果我们在顾客的朋友面前没有诚信，就会导致他们对顾客本人产生怀疑，以后他不但不会信任我们，也不会信任我们的顾客了。

这样一来，我们最后失去的不仅是新顾客，甚至可能会失去老顾客。因此，销售员要始终保持诚信，只要对顾客承诺了的事情，就意味着我们是经过深思熟虑的，所以不论遇到什么困难，都要兑现。

其次，产品的质量要过关，服务要周到

要让顾客帮助我们介绍新顾客，销售员最有说服力的"武器"就是产品的质量和服务。

如果我们产品的质量都无法得到顾客本人的认同，那么他不仅不会介绍自己的亲戚、朋友购买，反而会告诫身边的亲戚朋友，以免上当受骗。

除了产品质量之外，销售员一定要保证自己的服务能够让顾客满意。要知道，让顾客有了一次愉快的购买经历，那么不用我们请他们帮忙，他们也会主动会把别人介绍给我们的。

第三，及时回报顾客

我们要清楚，顾客充当销售员的介绍人，并不是出于义务，而是人情，甚至他们还会期望从我们身上得到一些回报。这是人之常情，就像乔·吉拉德付给介绍人25美元一样，如果我们成功与顾客介绍来的人达成交易，那么我们就应该及时回报顾客。

回报的方式有很多种，并不仅限于金钱一种，我们可以送给顾客一些纪念品，或者在他们购买产品的时候打一个最低折扣。总之，在不违背公司以及法律的情况下，我们可以自由发挥自己的想象，去回报顾客。只有这样，我们与老顾客的这份情谊才不会冷却，他们也才愿意继续充当我们的"猎犬"。

第12章

每天淘汰"旧"的自己

——在超越中不断成长

最大的竞争者是自己

自省，即进步

追随梦想，不断超越自己

比自己的榜样还努力

克服恐惧，做自己的"主人"

最大的竞争者是自己

谈到竞争，很多人脑海里就会浮现出一大串人名，同时也在他们身上赋予了很多标签：收入、能力、才华等等，而我们的目的就是追赶对方，并希望自己最终能以一个胜利者的姿态超越对方。

将对手当成自己的竞争者，这虽然是一个激发潜能、促使自己不断前进的办法，但同时，我们也容易变得心浮气躁，最后很可能会因为达不到目的，而败于挫败感，从此一蹶不振。

以此看来，与其把别人当成自己的竞争对手，还不如把自己当成竞争对手。一个把自己当成竞争对手的人，为了激发自己的潜能，能够潜下心来做好每一件事情，在摸索过程中，会不断总结经验、实现创新。当过一段时间回头再看的时候，就会发现，我们在某个领域做到了极致，已经超越了无数人。

乔·吉拉德就一直把自己当成竞争对手。在多年的销售生涯中，他一直想办法让明天的业绩超越今天。常年保持这样的工作状态的乔·吉拉德，最后发现自己已经无法与别人展开竞争，因为他所创造的业绩记录已经远远地将同行甩在了身后。

乔·吉拉德曾看到过一则报道，报道中说伊利诺斯州有一名卖凯迪拉克车最多的销售员。同行之间难免会好奇彼此的销售业绩，乔·吉拉德查看了这位销售员的汽车销售数量后，发现尽管凯迪拉克车的售价是雪佛兰车的2倍，但他的售车数量却是对方的3倍，而且销售额是对方的2倍，也就是说，乔·吉拉德最终拿到的佣金，也是对方的2倍以上。

由此，乔·吉拉德自豪地说："除了乔·吉拉德，我还能和谁竞争？没有人了！"虽然当时乔·吉拉德在当地一直保持着销售大王的地位，但他并没有为此沾沾自喜，因为，他深知自己的销售成交量达到顶峰之后，想要实现继续增长是非常艰难的。这是乔·吉拉德无法忍受的，对于他来说，这意味着他将失去销售的快乐，同时再也无法赚取到更多的佣金。

为了突破销售"瓶颈"，乔·吉拉德想到了一个办法，就是自费雇人和他一起销售，达到增加销售额的目的。从商业角度来看，乔·吉拉德此举能够有效地将自己解放出来，从而有更多的时间去做最有成效的工作。

而在这之前，乔·吉拉德每年虽然都能卖掉几百辆汽车，也确实赚到了不少佣金，但这也与他所付出的时间和精力成正比。他时常感到力不从心，无法兼顾工作和生活。有一次，一位核算所得税的会计师看了乔·吉拉德那笔不菲的纳税数字说："乔，你太玩命了，而且你把收入的一半都交给政府了。你为什么不花点钱雇人做你的助手呢？那只会占你销售开支的一半。而且，雇人做日常的工作后，你能更专注于你做得最好和最喜欢做的事（即成交）了。"

一语惊醒梦中人！乔·吉拉德觉得那位会计师的想法很好，便马上开始落实。1970年，他雇了一名全职助手，全职助手的名字是尼克·伦茨。尼克·伦茨能力出众，自从追随乔·吉拉德之后，一直负责业务的行政部分并帮他处理其他业务项目。

很快，乔·吉拉德就尝到了雇人的好处，他有大把的时间去谈更重要的顾客，同时，也有了享受生活的时间。发展到后来，乔·吉拉德干脆把儿子乔伊也留在身边，辅助他工作。

尽管乔·吉拉德每个月要付给这两位"左膀右臂"优厚的薪水，但他认为非常值得。此时，他已经意识到了团队的重要性："我们每个人都不能单打独斗。我们卖的汽车不是自己生产的，许多销售员也不负责车的运输，我们只是一个庞大的、人人互相依靠的经济系统的一部分，但你至少要领导这个系统的一个部分，这样才能从他人的努力中获得利润，即使你为对方的工作付出的是公平的价钱。"

为了让工作更高效，乔·吉拉德明确了每个助手的职责。他给乔伊安排的工作是负责招待顾客、维持现场秩序，并尽量了解每一位顾客的相关信息。

此外，乔伊还是乔·吉拉德重要的情报员，他在为顾客做销售展示的过程中，会了解每一位顾客的旧车的车况、对哪款新车感兴趣以及经济情况等。然后，乔伊会借故离开，将有关顾客的所有情况一一汇报给乔·吉拉德。乔·吉拉德会根据这些情况，对症下药，一一克服顾客的种种顾虑，然后达成交易。

在两位助手的辅助下，乔·吉拉德终于成功突破了销售"瓶颈"，实现了销售额的不断增长，这也为日后他成为世界最伟大的销售员奠定了基础。

对于销售员来说，如果我们也遇到了像乔·吉拉德同样的问题，不妨也效仿他的做法，雇人和我们一起销售，这样往往能让我们在销售上更进一步。

当然了，因为销售行业以及个人销售能力的不同，不可能每个销售员都需要雇一个助手。不过，我们可以学习乔·吉拉德的这种思维方式，在销售中不和别人比拼，只和自己竞争，因为每个人的成长环境以及教育背景的不同决定了每个人的能力会有所差异。如果我们一味和别人比较，结果只会是得到沮丧和挫败感。

所以说，只有把自己当成竞争对手，我们才能根据自己的实际能力，一步步地实现突破，这个过程中不会有比拼的焦虑，只会有成长的快意。如果能够长期坚持下去，最后就会发现，我们已经成为优秀的销售员了。

自省，即进步

孔子说："吾日三省吾身。"意思是说，每天要多次反省自己。只有通过反省，我们在才能在前进的道路上不断修正自身的错误，从而避免走过多的弯路。一个时常自省之人，往往具有非凡的勇气，因为他可以坦然地面对过去的种种错误。

对于销售员来说，经常进行自我反省是很重要的，不会自我反省的人如同无头苍蝇一样到处乱撞，四处碰壁，收获甚微。反省可以让我们重新检视自己的行为，得到更大的进步。乔·吉拉德作为世界顶尖的销售员，他每天的必修功课就是进行自我反省。

如果有一天早晨，他醒来后感觉情绪低落，没有心情做任何事情，那么这一天他就不会去上班。因为在他看来，与其消沉地去上班，还不如趁着天气好的时候，外出爬山、划船，这总比因心情不佳而和顾客闹矛盾好得多，就算不会到发生争执的地步，他至少也无法全身心地投入工作，这样就难免会怠慢顾客。

而在这一天当中，乔·吉拉德会通过反省自己，回顾以往的工作，逐一找出让自己情绪不佳的原因，然后及时调整自己的状态，重新投入到工作中。此外，他还会在每天下班之后，回顾这一天成交的生意和未成交的生意。

不要感到意外，虽然全世界的销售员都知道乔·吉拉德的名字，但这并不代表他与每一位顾客都能够成交。但是他会尽量做到，每天至少有一半的顾客和他成交。他之所以能在销售后期依然保持着平均每天卖5辆车的成绩，并不是他的销售技巧发挥了作用，而是因为他每天接触的潜在顾客比较多。

这就有利于乔·吉拉德在进行自我反省的时候，能够有更多的参考对象。当他回忆他和每一位顾客交流时所说的话时，他会分析是哪一句话让对方下定决心购买汽车，或是那位顾客为什么始终不同意购买自己的汽车，自己忽略了什么细节？

当他逐一分析完这些顾客的时候，如果发现没有成交的原因出在自己身上，那么他就会记住，下次不会再犯；如果他发现不是自己的原因，就会给未成交的顾客打电话，向对方询问有没有购买的意愿。

通常情况下，顾客都非常愿意向他指出一些问题。更重要的是，乔·吉拉德还能够借此机会再次和顾客进行谈判，了解对方还有哪方面的要求。这时，他就会根据顾客的要求，做出相应的补救，尽量满足顾客的要求。最后，一部分顾客都愿意重新成交。

成功没有秘诀。对于乔·吉拉德来说，他之所以能够成为销售大师，并不是一蹴而就的，而是通过长年累月对销售的坚持、摸索以及反省才得以实现的。正如他本人所说："如果我能成功，那么你也能够成功。"

要知道，世界上的任何工作都会在某个时候让人感到痛苦，因为工作就是一件伟大的事情。伟大的事情从来不会一帆风顺，只是能够苦中作乐，将痛苦转化为享受，就会产生工作的乐趣。

在这个过程中，自我反省能力是很重要的。反省往往能够让我们重新审视自己的行为、心境乃至想法，这样一来，就有可能重新定义一件事情，迸发出新的工作思路。对于销售员来说，每天只要能够很好地反省自身，不断总结经验、教训，往往就能够在短时间内提升自己的销售能力。

追随梦想，不断超越自己

从小时候开始，我们每个人内心就种下了梦想的种子，静静地等着它生根发芽。随着年龄的增长，梦想也许会有所改变，却不曾远离。不论我们的梦想多么远大，抑或多么卑微，我们都有追逐它的权利。

出生于美国贫民窟的乔·吉拉德从小就忍受着父亲的责骂，那时候的他唯一的梦想就是摆脱这种生活，不再遭受别人的白眼，过上富足的生活，拥有一份体面的工作。

为此，在别的孩子还在父母身边撒娇的时候，乔·吉拉德就已经开始打工了。他知道，要实现自己的梦想，就要靠自己去努力。天刚蒙蒙亮他就爬起来送报纸，放学后再四处给别人擦鞋。这样沉重的生活并没有让乔·吉拉德觉得自己是这个世界上最可怜的人，他反而为自己不断朝理想迈进而感到自豪。

有人认为，梦想是小时候就存在于脑海中的，然后在长大的过程中努力去实现。而事实上，一个人能够在有生之年实现自己小时候的梦想是微乎其微的事情。梦想会随着时间的流逝、心智的成熟、社会的改变而改变。每一个人在每一时期的梦想都是不同的，也许我们小时候的梦想是成为宇航员或者医生，但长大后，我们成为了一名销售员。如果我们想要在这个行业长久地发展下去，并取得一定的成就，从今天起，我们的梦想就是"我要成为最伟大的销售员"。

乔·吉拉德称自己是不安于现状的人，或者说，每一个有梦想的人，都是不安于现状的。在他的周围，这样的人不在少数。

一次，乔·吉拉德为了赶时间，搭乘了一位心中怀有梦想的司机的计程车。出于职业习惯的原因，乔·吉拉德刚上车就与这司机聊了起来。

当他们谈到这辆车的时候，司机脸上露出自豪的表情，他告诉乔·吉拉德，这是他自己的车，而且很快他就会拥有第二辆，当他拥有第二辆以后，他就可以拥有一家属于自己的出租车公司了。这是他的梦想，为此，他每天开车拉客人的时候，心中都充满了动力。

乔·吉拉德很高兴自己遇到了这样一个有梦想的人，在他看来，每一个有梦想的人，都是值得敬佩的。接着这位司机又告诉乔·吉拉德，他来美国仅仅一年零一个月，而且在他刚来的时候，他身上只有两块钱，现在的一切都是靠自己的努力得来的。最后，他告诉乔·吉拉德，他为自己有一个梦想而骄傲，这也是他不断超越自己的动力。

由此可见，人只要有梦想，就能够取得成功。也许现在的我们已经拥有了强烈的创富意识，并且已经规划出了致富梦想，但是由于种种原因，我们可能仍然没有获得成功，即便这样，我们也不要气馁。正如乔·吉拉德所说："如果我们是一辆汽车，那么梦想就是燃油，除此之外，我们还需要精良的机器、经久耐用的车厢、优良的方向仪与高超的驾驶技术，这样我们才能发动起发动机，快速向我们的梦想驶去。"

乔·吉拉德所认识的约翰·坦普登就是这样一个男孩。约翰·坦普登在17岁那年，他的梦想是要成为一家大公司的首脑。在耶鲁大学中，当别的学生还在研究如何经营一般企业的时候，他的兴趣就已经转移到了研究评断公司的财务上。大学二年级的时候，因为家庭经济的拮据，他面临着辍学。在学业和生计之间，他为了梦想，最终选择了学业。

约翰·坦普登做出这样的选择，意味着他不但要付出努力学习，还要拼命挣钱交自己的学费和维持自己的生活。这样的窘状并没有让他退缩，反而让他更加顽强地去追逐自己的梦想。三年后，除获得经济学学士的学位外，他还获得了著名的路德奖学金，取得了全国优等生俱乐部耶鲁分会会长的头衔，并以极其优异的成绩毕业。

此后两年里，约翰·坦普登前往英国牛津大学攻读硕士。回到美国后，他加入了一家颇具规模的证券公司，担任投资咨询部办事员。不久，他得知有一家公司正在招聘年轻上进的财务经理，他便前往应征。四年之后，他学到了能够在这个公司学到的一切知识，决定再次回到自己喜欢的证券行业中。

约翰·坦普登从一个资深职员的手中，以5美元的价格买下了8个顾客的经营权，经过两年的苦心经营，在第三年，他的梦想终于实现了。如今，约翰已是一家投资咨询公司的总裁，拥有将近1亿美元的资产，并兼任一家大型互助银行的常务董事及数家公司的董事。

每个人都是在不断超越自己的过程中实现了自己的梦想的，我们正是年轻的时候，年轻就意味着追逐，追逐自己的梦想，即使遇到挫败，想到自己对未来的美好憧憬与梦想，也依然充满动力地勇往直前。

比自己的榜样还努力

每个销售员的心中，都有自己追随的对象，也许在很多销售员心中，乔·吉拉德就是自己的榜样，他们在佩服乔·吉拉德能力的同时，也在想"如果我能成为乔·吉拉德就好了"。

其实，成为乔·吉拉德并不是不可能做到的事。他曾经说过，如果说他所讲的一切都是有秘诀的，那么这个秘诀就是：事实上，任何人都能够像他一样做到顶尖的位置。而且，这不需要我们是天才，或者是拥有多么高的学历，因为乔·吉拉德本人连高中都没有毕业。因此，销售员没有必要把成为乔·吉拉德当作是一个可望而不可即的梦，而应把他当作我们的目标，或许，我们应该更看好自己，要做得比乔·吉拉德更加成功。

乔·吉拉德认为世界上最蠢的人，就是当他听到别人说"不可能"时，他便真的认为是"不可能"的人，尽管他从来没有尝试过。很多人不相信奇迹，因此，他们也不肯为了创造奇迹而努力。其实，奇迹并不是人们想象中的那样神秘莫测，我们所看到每一个奇迹，不都是由人创造的吗？当我们不再用各种借口和理由来做"挡箭牌"的时候，我们就会发现，奇迹就在我们身上发生。

乔·吉拉德所取得的一切不是在一夜之间就拥有的；他也不是在某天清晨醒来就发现自己有了魔术般的变化；他不是突然间就学会了怎样接待顾客；他也不是在瞬间就悟出了怎样说服顾客购买他的车。而这一切他都做到了，而且是依靠自己的能力做到的。现在的乔·吉拉德站在人们面前，谁也不会想到他曾经在看守所中待过漫长的一夜，谁也不会想到他曾经睡过火车货栈的棚车。他创造了奇迹，并且他相信，每一个销售员都能够像他一样，创造出奇迹。

为了能够成为乔·吉拉德，为了能够创造出奇迹，我们就要在各方面比乔·吉拉德更努力。在今后的工作当中，我们要经常审视自己、审视我们所得到的东西并专心研究如何达到目标；要通过研究我们自己和我们的工作，来了解是什么使我们的工作更有效率。

我们要像乔·吉拉德那样去善待我们的顾客，记住他们的喜好、兴趣以及生日，并且亲手给他们写信；不管我们卖的是什么产品，乔·吉拉德对待顾客的方法都可以运用到我们的工作当中，在这个电脑和自助方式越来越流行的世界，如果我们能够真诚地亲口对顾客说一声"谢谢您"，相信每一位顾客都会认为他们遇到了世界上最好的销售员。

比我们的榜样更加努力的同时，为了能够尽快地成为他们中的一员，并且超越他们，我们也可以通过模仿他们而达到我们想要的结果，正像乔·吉拉德所说："如果你想提升销售业绩，那你也可以通过模仿而快速达到想要的结果。"

一、效仿榜样的想法

仔细研究公司中最优秀的销售员，在他们的销售过程中，他们所持的是什么样的信念？他们是如何调整自己的心态的？他们怎样看待自己的工作？他们是如果和顾客成交的？促使他们成功的习惯是什么？

当我们明确了这些事项，我们就要用他们的想法来"武装"自己，与此同时，还要在他们的基础上提高自己的思想境界。

二、效仿榜样的动作

观察最优秀的销售员的动作，看他们在销售中惯用的动作是什么。他们是如何用肢体语言和顾客沟通的？他们是怎样使用手势的？他们是如何向顾客寒暄的？他们是如何介绍产品的？

要知道，销售员只有把每个动作做到职业化，才能显示出我们的大方、自信。所以，如果我们找到了一个标准，不妨每天对着镜子练习每一个动作。时间长了，就会让每个动作成为自然反应。这样在与顾客见面的时候，我们就能显示出自己的得体大方以及专业性。

人们常说，要想让自己变得优秀，就和优秀的人在一起。需要注意的是，和优秀的人在一起，不仅意味着和他们一起工作，更重要的是，我们要效仿他们并向他们学习，这样才能让自己变得更加优秀。同时，效仿的时候，还要结合自身的条件，总结出自己的经验。只有这样，才能让我们避免在效仿的过程中迷失自己，保持自己真实的一面，从而有机会超越他们。

克服恐惧，做自己的"主人"

作为销售员的我们，都有被顾客拒绝的经历。被拒绝是一件既痛苦又恐惧的事情，遭受过顾客一次决然的拒绝，我们在下次进行销售的时候，恐惧就会浮现出来并对我们说："你不可能做到，你没有办法实现

成功销售，这个工作太难了，你是无法完成的……"而另一方面，我们试图用信心鼓励自己："你可以做到任何事情，包括这次销售。不是你的能力不足，只是你缺乏勇气，事情还没有做，你怎么知道你不行呢？"

实际上，我们往往会在这两个极端中游移不定，即使勉强再去进行销售，我们也会变得犹豫，拿不定主意，顾客看到我们这样的表现，往往也会开始犹豫是否该购买我们的产品。所以，作为销售员，要想取得销售上的成功，首先要做的就是克服恐惧。

恐惧对于每个人来说都是存在的，只是有人比较善于通过调整自己彻底克服它。乔·吉拉德正是这样一个例子。我们知道，乔·吉拉德小时候经常遭到父亲的各种打击："你永远成不了大事，你永远都会失败，你一无是处。"

连最亲近的父亲都说出这样的话，乔·吉拉德震惊的同时，也倍感难过，他甚至一度开始相信父亲的话，因为他当时看起来确实是一无是处。正当乔·吉拉德自暴自弃的时候，他的母亲及时给了他足够的鼓励："要对自己有信心，你是个赢家，你可以得到你想要的东西。"

母亲的温柔和鼓励与父亲的打击，一直伴随着他长大成人。在这期间，乔·吉拉德饱尝自卑和恐惧之苦，一直到他的一位医生朋友给他讲了思想和肉体的关系，他才对恐惧有了新的认知。

乔·吉拉德的医生朋友说："在每个人的外表之下都有两个部分：思想和肉体。第一个部分是我们的主宰，它在脑部的大小约等于一块橡皮擦。当思考的部分操控一切时，可以产生重大改变。不幸的是，只有5%的人让思想来掌控自己，另外95%的人则是受身体的控制。同样的道理，很少人是被信心所引导的，许许多多的人都受恐惧左右。头脑告诉你：'前进，要有信心，你办得到，立刻去做。'这是信心在说话。

可同时，身体告诉你：'放弃吧，你会失败的，你做不到，等会儿再做。'这是恐惧在说话。"

医生朋友的一番话让乔·吉拉德备受震动，原来不止他一个人有恐惧心理，在释然的同时，他下定决心克服恐惧，重塑信心。他开始学着忘记那些恐惧的声音，强迫自己不再想一些负面的想法。通过一段时间的摸索，乔·吉拉德总结出了几条克服恐惧的办法：

一、相信自己

克服恐惧从相信自己开始。为了相信自己，乔·吉拉德把母亲曾对他说的"你可以得到任何你想要的东西"这句话写在纸条上，然后贴在浴室镜子旁边、汽车遮阳板上和其他能够随时看得见的地方。每天不论是在哪儿，只要看到这句话，乔·吉拉德都会不断鼓励自己，告诉自己能行，这样他就慢慢建立起了自信。

如果作为销售员的我们，也缺乏自信，不妨像乔·吉拉德那样，写一张可以让自己鼓足勇气的话，在进行销售之前默念几遍，然后投入到销售中，这样往往能够让我们变得从容大方。不要小看这个心理暗示，它的正面力量能够带给我们很大影响。

二、和充满自信的人在一起

乔·吉拉德曾有过这样一个深刻的体会：有一年美国政府颁布了一段时间禁运石油的法令，法令颁布后，对汽车销售行业造成了巨大的打击。因为汽车需要加油才能行驶，一旦没有汽油，销售员是绝对卖不出去汽车的。因此，乔·吉拉德所供职店里的很多销售员顿时失去希望，纷纷辞职另寻出路。

在乔·吉拉德看来，这些辞掉工作的销售员只是对自己的销售能力没有信心罢了。一个有自信的销售员，才不管什么石油禁运的条令，他会始终坚信，不论遇到什么困难，自己都会把车卖出去。

通过此事，乔·吉拉德给自己定了一个规矩：远离消极的人，结识更多有自信的人。因为和消极的人在一起工作，他们除了抱怨、退缩之外，不会产生任何正面的力量，这会带给我们无穷的负面能量，时间长了，我们也会变得和他们一样，遇事退缩，不敢承担责任，彻底失去锐气，这是非常可怕的。

相比之下，和自信的人在一起尤为重要。自信之人如果认准一件事情，不论遇到什么样的困难，都会百折不挠，直到达成目标。自信之人散发出的永远是积极的力量，他们即使失败无数次，也会有无数次重新站起来的勇气。和这样的人在一起，我们的自信才会源源不断地增强。

三、用思想掌控自己，不做身体的"奴隶"

在工作中，当我们遇到一些棘手的问题时，总会下意识地开始拖延，一直等到必须解决的时候，才硬着头皮着手处理。之所以会这样，是因为我们内心知道，这件事情的难度比较大，处理过程会相当痛苦，所以此时，趋利避害的本能就会显现出来。当然，除了难度之外，拖延的理由还有我们没有信心完美解决问题。

不论是困难还是没有自信，我们都要知道，一味拖延只能增加变数，唯有速战速决才能避免这种情况发生。这就要求我们成为自己的"主人"，让思想掌控自己，而非让身体掌控自己。

作为销售员，要想克服恐惧，我们就要做自己的"主人"，让自己的思想指导身体，而非听从身体的安排。只有这样，我们才能让自己的想法得以实现。

四、让自己忙碌起来

我们都有这样的体验：当我们完全沉浸在工作当中时，就会忘记烦恼、压力和痛苦，换句话说，也就是我们没有时间想这些东西。确实，我们要想获得成功，就要抛弃一切顾虑，全身心投入工作，因为只有做过，我们才知道能不能成功。

从1974年开始，底特律都会区的汽车经销商从一周上6天班改为上5天班。由于星期六是多数人休息的时间，所以有人会选择这个时间来看车。现在上班时间的改变让乔·吉拉德觉得前景一片黯淡。

但是很快，乔·吉拉德就告诉自己，成交量是不会因为上几天班决定的，现在整个市场摆在那儿，顾客也有购买汽车的需求，而他所要做的就是把星期六应该成交的生意放在工作日来完成。

目标的改变使得乔·吉拉德变得更加忙碌，以至于他都没有时间去想能否成功。而他忙碌的最终结果是，第一年，他在一周五天中卖出汽车的数目和以前每周六天卖出的数目几乎相同。

让自己忙碌起来，不仅会让自己变得充实，不再空虚、烦恼，而且更重要的是，当我们结束了一段忙碌之后，往往也能意外地发现，自己竟然做成了一件以往认为不可能做成的事情。

销售是一份需要不断突破自己的工作，每天我们都可能要面对新的困难和问题，为了避免自己出现懈怠情绪，我们需要时刻克服自己的恐惧、建立自信，只有这样才能从容应对每一天的工作。

后　记

本书的编写，旨在希望能够抛砖引玉，为广大销售员提供一些可学习、值得借鉴的经验。

本书能够顺利出版要感谢杨忠、金跃军、李丽、高红敏、龚学刚、才永发、王云强、王帅、吴丹、宋华、刘作越、马海峰、孙海鹰、吴春雷、陈艳丽、张丹等众多人的支持，是他们的积极参与和提出的宝贵意见使得本书更趋完美。

最后，再次感谢他们一路辛苦的付出和陪伴。